美國黑人代言人

# 布克・華盛頓的星期天談話

生活的兩面、老歌的力量、
榜樣的力量、服務的要義，
《超越奴役》作者的教育思想

布克・華盛頓——著
江利——譯

要是我們不努力成為有用的人；要是我們沒有優秀的品格，
無論我們如何為自己辯護，也無論別人怎麼說我們，
我們都會失去立足之地——

BOOKER WASHINGTON ON EDUCATION

# 目錄

# CONTENTS

# 導言

# 導言

布克．華盛頓是一位黑白混血兒，他於西元 1856 年 4 月 5 日出生在維吉尼亞州西南方的哈勒斯福特市（Hale's Ford, Virginia）一家叫作「詹姆士．巴勒斯菸業農場」（James Burroughs Tobacco Farm）的草蓬裡。他母親珍（Jane）是該農場負責伙食的黑人女奴隸。

根據當時的美國法律，布克．華盛頓一出生，就是屬於奴隸階級；而在當時，為黑人奴隸提供教育，是一種非法的行為，更為美國的法律與社會所不容。

「布克」是他母親替他取的名字，「塔里亞菲羅」（Taliaferro）是他生父的姓，而「華盛頓」是他繼父的姓，所以他的全名為「布克．塔里亞菲羅．華盛頓」，他終身使用此名，從未更改。

西元 1865 年 4 月，當亞伯拉罕．林肯（Abraham Lincoln）總統的全國《解放黑人奴隸宣言》[01] 總統行政命令，在詹姆士．巴勒斯菸業農場大門前宣讀時，時年七歲的小布克．華盛頓站

---

01《解放黑人奴隸宣言》（*Emancipation Proclamation*），是份由美國總統亞伯拉罕．林肯公布的宣言，其主張所有美利堅邦聯叛亂下的領土之黑奴應享有自由，然而未脫離聯邦的邊境州，以及聯邦掌控下的諸州依然可以使用奴隸。此宣言僅立即解放少部分奴隸，但實質上強化聯邦軍掌控邦聯的領土後這些黑奴自由的權威性，並為最終廢除全美奴隸制度預先鋪路。除了對黑奴有限的立即效果外，此宣言象徵北方人的戰爭目的改變：重整聯邦不再是戰爭唯一的目的。這代表一個邁向廢除全聯邦奴隸制度的重要階段。在海外，如同林肯的期望，此宣言使他國民意轉而支持聯邦終結奴隸制度的承諾。這種轉變粉碎邦聯政府獲取他國官方承認的希望，特別是與英國。如同亨利．亞當斯（Henry Adams）所言：「《解放黑奴宣言》比我們之前的勝仗與外交策略做得更多。」

在人群裡，有著難以言喻的興奮，因為他可以到學校上課了。

美國南北戰爭後，美國聯邦國會通過了美國憲法第十三條修正案，將全美國的黑人奴隸徹底的解放，恢復美國公民權和自由權，他母親就是在此時得到的自由和解放，而布克．華盛頓自此才有機會開始學習寫字和讀書。

獲得了自由的布克．華盛頓的母親，在他九歲時，帶著他和他弟弟約翰．華盛頓（John Washington）、妹妹艾曼達．華盛頓（Amanda Washington），嫁到西維吉尼亞州的瑪律登市（Malden）。

由於家境貧窮，布克．華盛頓自小就靠著半工半讀來發奮圖強和力爭上游。在九歲那年，在別家的同齡孩子養尊處優時，他已經每天早上四點鐘，跟著母親到製鹽廠裡包裝鹽巴，再跟著繼父到煤礦場裡工作了，下午收工後，還要到夜校讀書，接受基本的教育。

在這家鹽廠和煤礦裡，布克．華盛頓遇到了他一生中的第一位貴人，就是製鹽廠和煤礦場裡的女主人維歐拉．羅夫納[02]。她的丈夫，是大名鼎鼎的美國南北戰爭名將路易斯．羅夫納將軍[03]。這對夫婦，影響了布克．華盛頓的一生，也改變

---

02 維歐拉．羅夫納（Viola Ruffne，西元 1812 ～ 1903 年），美國西維吉尼亞州卡諾瓦縣社群領袖、礦主和教師，是美國南北戰爭名將路易斯．羅夫納將軍第二任妻子。在布克．華盛頓的成長中扮演了重要的角色。在布克．華盛頓的自傳中，他稱道：「親愛的維歐拉．羅夫納夫人和路易斯．羅夫納將軍是我一生的朋友。」

03 路易斯．羅夫納將軍（General Lewis Ruffner，西元 1797 ～ 1883 年），美國南北戰爭中北方軍隊將領，西維吉尼亞州眾議院議員，鹽商。

了布克．華盛頓的一生。

路易斯．羅夫納將軍於西元 1797 年 10 月 1 日，出生在西維吉尼亞州的查理士頓市。在南北戰爭爆發前，他是維吉尼亞州州議會的議員。

美國南北分裂後，維吉尼亞亦分裂為西北二州，新州是效忠美國聯邦政府的西維吉尼亞州，路易斯．羅夫納被晉升為美國陸軍少將，負責西維吉尼亞州的軍事防守。

南北戰爭後的路易斯．羅夫納，為美國聯邦政府負責卡諾瓦河 [04] 流域的水壩工程。從美國陸軍退役後，路易斯．羅夫納棄軍從商，投資於製鹽廠和煤礦場而致富，後更出任西維吉尼亞州眾議院的議員，他同時也是自己老家查理士頓市的民間領袖。

當布克．華盛頓被將軍夫人維歐拉．羅夫納調回自己住家當管理員時，他開始了人生的另一段傳奇。

在布克．華盛頓之前，曾有許多人在羅夫納家做過管理員，但都得不到維歐拉．羅夫納的認可和賞識，唯獨這個年方十五歲的布克．華盛頓，使她覺得的確與眾不同、孺子可教。

根據布克．華盛頓在 1901 年發表的第一部自傳《超越奴役》[05] 中說，他在他一生中最好的朋友維歐拉．羅夫納那裡，

---

04 卡諾瓦河（Kanawha River），位於美國的西維吉尼亞州，是俄亥俄河的一條支流，長約 156 公里，西維吉尼亞州最大的內陸水道，在 19 世紀中葉的美國工業化時期有重要作用。

05《超越奴役》（*Up From Slavery*），布克．華盛頓的自傳，於 1901 年首度出版，就成為暢銷書，在美國黑人中引起廣大迴響，至今仍然廣為流傳。

學到的第一件事就是如何面對人生，如何遵守清教徒的紀律生活[06]，這種道德啟蒙，使布克 · 華盛頓終身受用，也終身奉守。

維歐拉 · 羅夫納慧眼識英雄，決定要全力栽培這位氣質非凡的年輕人，不但教以做人處事之道，還鼓勵他入學進修，而且視他如己出，願意承擔他的學費和生活費。

在維歐拉 · 羅夫納的幫助下，16 歲的布克 · 華盛頓，前往維吉尼亞州南方的漢普頓市，以半工半讀的形式，在漢普頓師範與農業學院[07]，完成自己的學業。

布克 · 華盛頓從小就是個有原則的人，從不貪戀錢財，他只肯接受維歐拉 · 羅夫納一小部分的金錢協助，作為前往維吉尼亞州漢普頓市的路費，為了省錢，他用雙腳走完全程五百英里的道路，才到達了維吉尼亞州南方的漢普頓學院。

鞋子走破了，露著十根腳趾頭，在到達了漢普頓學院後，布克 · 華盛頓的口袋裡，只剩下了最後的五毛錢。

漢普頓師範與農業學院校長山繆 · 查普曼 · 阿姆斯壯將

---

06 清教徒的紀律生活 (Puritan work ethic)，是一個關於西方基督教新教的社會和經濟理論的概念。它基於喀爾文主義的看法，即強調努力工作是一個人的使命，世俗的成功可以作為個人超度的一個象徵。新教徒在馬丁 · 路德 (Martin Luther) 的時代開始重新定義世俗的工作，將它作為不僅有益於個人而且有益於整個社會的一種責任。因此將天主教對於工作的概念，轉而認為勤奮的工作是一種光榮的象徵。

07 漢普頓師範與農業學院 (Hampton Normal and Agricultural Institute)，是一間主校區位於美國維吉尼亞州漢普頓的私立大學、傳統黑人大學，由美國傳信會的領袖成立於美國內戰結束後的西元 1868 年，最早是一所師範學校，1984 年正式升格為大學，即現在的漢普頓大學。2015 年《美國新聞與世界報導》將其列在「南部地區大學」排名中的第 18 位。

軍[08]被這位遠道而來的年輕人感動了，他及時向布克．華盛頓伸出了援手，不但允許他入學，而且還替他安排了一份在學校當清潔工人的職位，才得以穩定下來讀書。

漢普頓師範與農業學院是用美國基督教教堂提供的基金，培養非洲裔美國人急需的教師人才的學院。一來由於維歐拉．羅夫納的大力推薦，二來也是布克．華盛頓自己的勤奮好學，謙恭有禮，漢普頓大學校長阿姆斯壯將軍對他印象深刻、刮目相看。

西元 1875 年，布克．華盛頓在漢普頓師範與農業學院畢業，他返回西維吉尼亞州瑪律登市，一來與母親團圓，二來執教於當地的小學，開始他的執教生涯。

西元 1878 年，布克．華盛頓為了得到更好的教育，再到美國首都華盛頓的維爾蘭德師範學院[09]深造。次年，獲得學位後，返回母校漢普頓師範與農業學院，出任校務主任，並且擔任當地印第安土著[10]的教育導師。

塔斯基吉黑人師範學院是一種政治利益交換的結果。西元 1880 年，阿拉巴馬州梅肯郡的非洲裔美國人民間領袖劉易斯．

---

08 山繆．查普曼．阿姆斯壯將軍（General Samuel Chapman Armstrong，西元 1839 ～ 1893 年），美國南北戰爭時期聯邦軍將領、教育家。創辦漢普頓師範與農業學院，並任首屆校長。

09 維爾蘭德師範學院（Wayland Seminary），西元 1865 年在美國首都華盛頓創立。今維吉尼亞聯合大學的前身。

10 印第安土著（Native Indian Americans），是指在美國境內保留有部分主權的逾 500 個美洲原住民部落之成員的統稱。這些部落與族群之歷史可追溯至哥倫布時代之前的美洲原住民群體。

亞當斯[11]與當地兩位民主黨白人政客威廉．福斯特[12]與亞瑟．布魯克斯[13]，達成了一項政治交易：劉易斯．亞當斯全力以赴的支持他們的競選，如果他們當選，要求阿拉巴馬州政府撥款興建一座專供非洲裔美國人教育下一代的工商學院，作為回報。

在劉易斯．亞當斯的大力助選下，威廉．福斯特與亞瑟．布魯克斯雙雙當選。二人上臺後，遵守諾言，使州議會通過「圖斯格茲黑人普通學院」的撥款議案，這就是阿拉巴馬州圖斯格茲市「塔斯基吉黑人師範學院」的歷史來源。

他們在物色適當的學院領導人選時，向富有辦學經驗的漢普頓師範與農業學院校長山繆．阿姆斯壯將軍諮詢，希望他能推薦一位白人，來擔任這個新誕生的黑人師範學院之領導人。

山繆．阿姆斯壯本身是一位軍人出身的美國白人，他因大力推動美國農業現代化而名揚全國，接到了阿拉巴馬州議會的要求後，毫不猶疑的立即大力推薦年僅二十六歲，品學皆優的布克．華盛頓前往塔斯基吉黑人師範學院，獨挑大梁，出任該校第一任校長。

---

11 劉易斯．亞當斯（Lewis Adams，西元 1842 ～ 1905 年），曾是美國阿拉巴馬州梅肯郡的一名黑人奴隸，獲得自由後和布克．華盛頓博士共同創辦了塔斯基吉黑人師範學院，即今天的塔斯基吉大學。他沒有受過正規教育，但是能夠讀、寫、說幾種語言。他曾經做過洋鐵匠、馬具製造者和鞋匠，後成為演說家。他和華盛頓博士一致認為黑人唯有透過教育和學習實用技能，來完善自我和提高整個族群的社會地位。

12 威廉．福斯特（William Foster，西元 1813 ～ 1893 年），美國政治家，阿拉巴馬州議會參議員。

13 亞瑟．布魯克斯（Arthur Brooks，西元 1830 ～ 1912 年），美國政治家。

西元 1881 年 7 月 4 日，與維吉尼亞州漢普頓師範與農業學院類似的塔斯基吉黑人師範學院開張，加入教育非洲裔美國人的行列，布克．華盛頓領命前往，從此展開了他人生事業的傳奇新篇。

「塔斯基吉黑人師範學院」的名字，乍聽起來，好像是滿有規模的，其實不然。學院在開辦之初，連自己的校舍都沒有，只是從當地的基督教教堂裡，租借了幾間地下室，買了些簡陋的舊破桌椅，作為臨時上課的地方。

這是布克．華盛頓初試啼聲之地。就是這樣，布克．華盛頓跨出了他人生最重要的教育下一代事業的第一步。

人窮志不短，布克．華盛頓根據自身的條件和環境，制定了一套符合實際狀況、可自力更生的教育方案和策略。他的學生，在上課之餘，必須同時從事貿易和勞動，他領導學生們自己動手種菜養家禽，將剩餘的產品，拿到市場上去賣掉，幫補學校吃緊的經費。

該學院設有兩大專科，土木系和水泥系，這兩科的學生成了院的發展建設團隊，幾乎所有的學校的校舍，和各部門的辦公室，都是該二系師生們自己親手蓋起來的，學生們既有了實際動手的學習機會，學校亦有了實用的校舍，一舉兩得、皆大歡喜、兩全其美。

布克．華盛頓自己勤奮，也要求他的學生勤奮，他們每天早上 5：30 開始，一直到晚上 9：30，除了午飯時間，全天候學習和工作。一分耕耘，一分收穫，其成績果然效果驚人，使世人側目。

布克．華盛頓的重要辦學宗旨之一，是要為下一代的非洲裔美國人，搭起一條通往美國主流社會的康莊大道。他堅定不移的相信，透過良好的教育和職業的培訓，對美國社會做出了正面的貢獻，視這塊大地為與自己生死與共的國家，這種負責任的公民，是沒有理由不被這個國家的人民所接受的。

布克．華盛頓的交際才華，在這裡開始顯露出來，他的誠懇和真摯，使他得到了當地富商的支持。第二年，布克．華盛頓利用募捐來的經費，加上從自己母校漢普頓師範與農業學院借貸了一筆基金，購買了一塊荒廢了許多年的農產地，將之改為「塔斯基吉黑人師範學院」的校址。

西元 1888 年，塔斯基吉學院初具規模，已經擁有了 540 畝土地和 400 名學生，加上經濟條件的好轉，使他更有能力來號召和聘請更為優秀的老師，共同參與他的教育非洲裔美國人下一代的大業。

在他的悉心經營下，天時地利加人和，塔斯基吉黑人師範學院不斷成長，後來改組成了「塔斯基吉大學」（Tuskegee University），而布克．華盛頓的餘生，全部奉獻在這座學府上，並且終身擔任該校校長一職。

這種一步一腳印走出來的成功，使布克．華盛頓成了阿拉巴馬州最受尊重和擁戴的民間領袖。

西元 1895 年 9 月，布克．華盛頓被邀請至在喬治亞州亞特蘭大市召開的「國際與美國棉花博覽會」[14] 開幕式上發表

14 國際與美國棉花博覽會（Cotton State and International Exposition），西元

演講。

布克．華盛頓用充滿了溫和但堅定的聲音告訴全世界，所有的非洲裔美國人，將會透過教育和工作，來逐漸融進美國的主流社會，他呼籲美國的主流社會，請打開大門、伸出手臂，歡迎你們的非洲裔美國人同胞，你們會看見的非洲裔美國人，不全是一些「偷雞摸狗的撒謊者」。

透過了新聞媒體的廣為報導，布克．華盛頓的大名，傳遍了全世界，使各國政要和領袖，無人不知他的名字。在美國國內，由於他的溫和形象和誠懇的態度，亦為主流社會所認可與支持，視其為新一代非洲裔美國人的典範。

1901 年，美國第二十五任總統威廉．麥金利[15]，為了鼓勵和肯定布克．華盛頓的努力和成就，特別親臨阿拉巴馬州圖斯格茲市，訪問了塔斯基吉黑人師範學院。

麥金利總統在多次的公開演講裡，數度讚揚和肯定了布克．華盛頓的成就和努力。自此以後，美國的權貴，爭相與之往來，並且願意慷慨解囊，大力支持他的教育大計。

---

1895 年 9 月在美國喬治亞州亞特蘭大市召開的國際博覽節，吸引近 80 萬人參加。時任美國總統克里夫蘭（Stephen Grover Cleveland）在開幕式上致辭，而布克．華盛頓在 9 月 18 日的大會演講，是此節日的亮點，他的演講宣導美國各民族的融合與合作。

15 威廉．麥金利（William McKinley，西元 1843 ～ 1901 年），第 25 任美國總統。他領導美國在美西戰爭中擊敗西班牙，提高關稅，保護美國工業，維持金本位制度，反對推行通貨膨脹政策。雖然他的總統任期因為刺殺事件的發生而縮短，但是他仍然開創了第四黨系，第二個共和黨 36 年間執政 28 年的時代。

西元 1890 年至 1915 年，布克 · 華盛頓已經成為美國非洲裔美國人的民間領袖，他的言行和輿論，外界多解讀為非洲裔美國人的意向，而布克 · 華盛頓本人，也深以能代表非洲裔美國人發言而感到驕傲。

布克 · 華盛頓是美國最後一代黑人奴隸的典型代表，他溫和的思想和優雅的談吐，堅持原則但不激烈求進，使他受到全國各界的仰慕和尊重，上至總統，下達市井，都爭相與之往來。

他無私無畏與其犧牲自我的精神，使他成為非洲裔美國人的楷模和榜樣。在他的忘我工作工作精神感召下，他的學校，一直得道多助，度過了一次又一次的經濟危機。

許多當年美國的超級富豪如標準石油公司[16]的大老闆亨利 · 赫特爾斯頓 · 羅傑斯[17]，西爾斯百貨[18]的總裁朱利葉斯 · 羅森沃

---

16 標準石油公司 (Standard Oil)，美國歷史中一家強大的、綜合石油生產、提煉、運輸與行銷的公司。於西元 1870 年以有限公司的形式在俄亥俄州成立，乃是當時世界上最大的煉油廠商。在 1911 年被美國最高法院裁定為非法壟斷之後，這家世界上出現最早規模最大跨國公司的爭議史才得以結束。

17 亨利 · 赫特爾斯頓 · 羅傑斯 (Henry Huttleston Rogers，西元 1840 ～ 1909 年)，美國資本家、商人、實業家、金融家和慈善家。曾任美國標準石油公司總裁。一生中兩位重要的朋友：馬克吐溫和布克 · 華盛頓。

18 西爾斯百貨 (Sears, Roebuck and Company)，西元 1892 年創建於美國伊利諾州芝加哥市的大型連鎖超市。

德[19]，柯達公司[20]的創辦人喬治．伊士曼[21]，銀行家約翰．洛克菲勒[22]，鋼鐵大王安德魯．卡內基[23]，美國第 27 任總統威廉．霍華德．塔虎脫[24]等人，非但是他的好友，更是他教育事業的贊助人。

在這些權勢朋友中，最使人們津津樂道的，是布克．華盛頓與美國首富亨利．羅傑斯的友誼。亨利．羅傑斯白手起家，

---

19 朱利葉斯．羅森沃德（Julius Rosenwald，西元 1862 ～ 1932 年），美國實業家、慈善家、教育資助人。西爾斯百貨股東之一和芝加哥科學與工業博物館創辦人。

20 柯達公司（Kodak），是一家大型跨國攝影器材公司。柯達公司的前身是由發明家喬治．伊士曼和商人亨利．斯壯（Henry Alvah Strong）在西元 1881 年建立的「伊士曼乾版公司」（Eastman Dry Plate Company）。該公司總部位於美國紐約羅徹斯特。

21 喬治．伊士曼（George Eastman，西元 1854 ～ 1932 年），美國發明家，柯達公司創辦人以及底片發明人。伊士曼一生捐款倡辦教育事業。他在羅徹斯特大學興辦音樂學院。終其一生捐款超過 1 億美元。

22 約翰．洛克斐勒（John D. Rockfeller，西元 1839 ～ 1937 年），美國實業家，慈善家，因革新了石油工業和塑造了慈善事業現代化結構而聞名。西元 1870 年創立標準石油，在全盛期壟斷了全美 90%的石油市場，成為歷史上的第一位億萬富豪與全球首富。1914 年巔峰時，其財富總值達到美國 GDP 的 2.4%。

23 安德魯．卡內基（Andrew Carriage，西元 1835 ～ 1919 年），蘇格蘭人，20 世紀初的世界鋼鐵大王、慈善家。1919 年去世前，卡內基一共捐出 3 億 5,069 萬 5,653 美元。卡內基認為財富不應當傳給自己的後代，臨終前立下遺言，要把剩餘的 3,000 萬美元全部捐出。他有一句名言：「一個人死的時候如果擁有鉅額財富，那就是一種恥辱。」卡內基的慈善行為引得同時代的富人紛紛效仿，並且這個慣例一直延續到現在。

24 威廉．霍華德．塔虎脫（William Howard Taft，西元 1857 ～ 1930 年），第 27 任美國總統。曾當過律師、美國首席大法官和戰爭部長。

從一無所有，到全國首富，全靠自己，他對於一些出類拔萃的人物，特別有好感。

西元 1894 年，亨利．羅傑斯到紐約麥迪遜廣場花園 (Medison Square Garden) 聽布克．華盛頓演講，回家後深為感動，第二天，他親自打電話給布克．華盛頓，告訴他自己是誰，同時要求和他開一個工作上的簡短會議。

以後的 15 年間，無論在亨利．羅傑斯麻薩諸塞州費亞海汶市 (Fairheaven) 的度假別墅處，或是他停在海邊的豪華蒸汽油輪「卡納華號」(Kanawa) 裡，甚至在他私人的住家的飯桌中，布克．華盛頓都是他的常客。

由於他們兩人都不是那種在公開場合炫耀個性的人，他們的特殊交情，成為一段很少人知道的杏林逸事，直到 1909 年亨利．羅傑斯突然中風而死後，此事才被亨利．羅傑斯的家人傳了出來，世人始知之。從這件小事可以看得出來布克．華盛頓行事之低調、謙和。

一位記者聞之，向布克．華盛頓查詢亨利．羅傑斯的慈善事業情況。布克．華盛頓據實回答說，別的領域，他並不清楚，但他自己利用亨利．羅傑斯提供的資金，已經興建好並開始運行的非洲裔美國人中小學，就有六百五十間之多，該記者聽後，驚訝得一時說不出話來。

1907 年，布克．華盛頓親赴賓夕法尼亞州費城，拜訪美國超級女富豪安娜．珍恩斯[25]，向她就發展非洲裔美國人教育基

---

25 安娜．珍恩斯 (Anna T. Jeanes，西元 1822 ～ 1907 年)，美國著名女慈善

金一事求助，安娜．珍恩斯早就仰慕布克．華盛頓的盛名，相見恨晚，立以一百萬美元許之。

美國慈善家朱利葉斯．羅森沃德的雙親是轉售衣服為生的新移民，他自己雖然是白手起家，但是對於少數民族尤其是非洲裔美國人，充滿了同情和支持，當布克．華盛頓邀請他加入「塔斯基吉學院董事會」(Board of Directors of Tuskegee Institute)，慷慨允之。

「塔斯基吉學院董事會」有了朱利葉斯．羅森沃德這位超級富豪的加入，意味著得到了一張簽好字的空白支票，再也不必為經費而發愁。

1912 年開始 ，朱利葉斯．羅森沃德陸續不斷的將資金捐進「塔斯基吉學院董事會」， 使布克．華盛頓有了大展手腳的舞臺和機會。

1913 年至 1914 年之間，布克．華盛頓在阿拉巴馬州的郊區，為附近的非洲裔美國人孩子開辦了六家全新的中小學。這種實際性的效果，使朱利葉斯．羅森沃德對布克．華盛頓這位教育家立即刮目相看，他立即又拿出了 400 萬美元，為布克．華盛頓單獨設立了一個叫作「羅森沃德基金會」(The Rosewald Fund)，由他全權管理。

布克．華盛頓運用這筆資金，開始全面的加強和推廣他的辦學計畫，從馬里蘭州到德克薩斯州的十五個州的 883 個郡內，他興蓋了 4,977 間學校，217 棟教師宿舍和 163 棟帶有購

---

家。也是多筆教育信託基金的委託人。

物中心的建築。在 1932 年，這批機構，總共容納和教育著整個美國南方三分之一的非洲裔美國人小孩子。

布克．華盛頓運用自己的人際關係和社會地位，創辦了一個以推廣非洲裔美國人教育事業為宗旨的龐大網絡，幾乎將美國的名人，全部拉攏了進來，作為名譽贊助人，其受益人甚至包括了許多公立學校在內的機構，至今尚且在繼續發展，這個長期以來以無條件資助的學術機構，已經超過了五千餘家。

布克．華盛頓的遠見和智慧，使許多激進非洲裔美國人民權領袖氣憤不已，當大家都嚷嚷著要與美國白人劃清界線時，他挺身而出，冷靜的告訴大家，那是一條錯誤而危險的死路，如果沒有了占絕大部分人口白人的支持、合作和理解，所有的非洲裔美國人的民權運動，將會不過是一場夢而已。

他認為理由很簡單，民權與民主，是一物的兩面，互為表裡，不可或缺，而民主的真諦，就是要少數服從多數。而少數服從多數，並不表示就是放棄自己的基本原則。如果非洲裔美國人自己不放棄原則和尊嚴，誰也無法將之奪走。

他全心全意的支持非洲裔美國人的民權運動，但絕不允許任何人假借他的招牌來招搖撞騙，掛羊頭賣狗肉。

當他知道威廉．杜波依斯[26]嘲笑他是「最偉大的調解者」

---

26 威廉．杜波依斯（William Edward Burghardt Du Bois，西元 1868 ～ 1963 年），美國社會學家、歷史學家、民權運動者、泛非主義者、作家和編輯。他是哈佛大學第一個獲得博士學位的非裔美國人，畢業之後任職於亞特蘭大大學，教授歷史學、社會學和經濟學。杜波依斯是 1909 年美國全國有色人種協進會的最初創建者之一。

(The Great Accommodator) 時，他一笑置之，不加計較。

但當他知道了「尼亞加拉民權運動」居然討論著用強硬手段來爭取非洲裔美國人的民權時，他立即採取實際行動，公開宣布撤回對「尼亞加拉民權運動」的支持，並且與之保持距離。

在布克．華盛頓短短的 59 歲人生中，他用了三分之一的時間，來告訴他熱愛著的非洲裔美國人同胞，革命和民主，永遠不能共存，有了革命的民主，一定是假的民主，真正的民主，要的是改革，而不是革命，請他們不要相信滿嘴革什麼命的政治騙子們的瞎說和鼓動。

布克．華盛頓將眼光投視在未來，他認為非洲裔美國人的民權運動，是一項長久大計的人類工程，為了達到這個長久的策略目標，教育是所有一切的源頭，唯有具備了先天的條件，才會有後天之成果。他身體力行，言行一致，終身奉獻在下一代的教育事業裡無怨無悔。

1901 年，布克．華盛頓的自傳《超越奴役》出版，立即轟動潮流，成為全美國的暢銷書，洛陽紙貴，風行一時，年輕的非洲裔美國人，無不人手一冊，作為自己學習和奮鬥的榜樣。

美國的政客，亦是人人爭讀，作為自己施政的參考。美國總統狄奥多．羅斯福 (Theodore Roosevelt) 讀後，深為感動，特意邀請他到白宮做客，共進晚餐。

這是美國歷史上第一位被在位的美國總統邀請至白宮做客的非洲裔美國人，也是第一位與在位的美國總統在白宮共進晚餐的非洲裔美國人，可謂殊榮也。布克．華盛頓畢生奉獻於非洲裔美國人的教育大業，勞苦功高、實至名歸、當之無愧。

布克．華盛頓工作勤奮，辦事認真，雖然功成業就，但依然凡事親力親為，不敢稍為大意，唯恐有負朋友們的重託，有失師生們的期待。由於長期超時勞累，他的身體和健康，日漸衰弱，經常病倒。

1915 年 11 月 5 日，他在紐約出差時，終於因為操勞過度，引起血壓過高而導致身體崩潰，被送進了紐約市的「聖路克醫院」（St. Luke's Hospital）接受全身檢查，醫生們發現他已經得了嚴重性的「動脈硬化症」（Arteriosclerosis），並且將不久於人世。

友人們尊重他自己的意見，盡快的將他送回阿拉巴馬州的塔斯基吉大學。但為時已晚，醫治無方，在 1915 年 11 月 14 日，他返回塔斯基吉大學幾天後，與世長辭，享年 59 歲。

他的遺體歸葬於他一手興辦起來的塔斯基吉大學校園內。出殯之日，在人煙稀少的阿拉巴馬州塔斯基吉市，竟然有超過 8,000 名黑白各半的人們，群集於校園內，自動自發的來為這位美國近代史上最優秀的教育家送行。

布克．華盛頓之所以能夠得到這麼多權勢或富豪們的支持，是有其眾多理由的，其中最大的理由，就是他的清廉自奉、公私分明和不貪錢財的人格魅力，這與其他身價千萬的美國民權領袖們相比，一天一地。

西元 1881 年布克．華盛頓創辦學院時，是從零開始的，除了兩間空教室外，一無所有。他去世後，該學校已是一所具有 100 棟房屋，可供 1,500 名學生同時上課的大學。他留下了數個龐大的計畫和 200 萬美元的現金，給他的繼承人。

布克・華盛頓的大愛與純真，沒有被美國人忘記，1940 年，美國聯邦郵政總局發行了一張印有他肖像的十美分郵票，作為這位時代非洲裔美國偉人的紀念。這是美國歷史上第一次以一位非洲裔美國人的肖像發行的郵票，意義重大。

美國財政部於 1946 年至 1951 年，和 1951 年至 1954 年，二度將布克・華盛頓的肖像，鑄在五毛錢的硬幣上，來向這位偉大的非洲裔美國人致敬。這是美國歷史上，第一次將一位非洲裔美國人的肖像鑄在美國的硬幣上，其非凡的意義，更見公道自在人心。

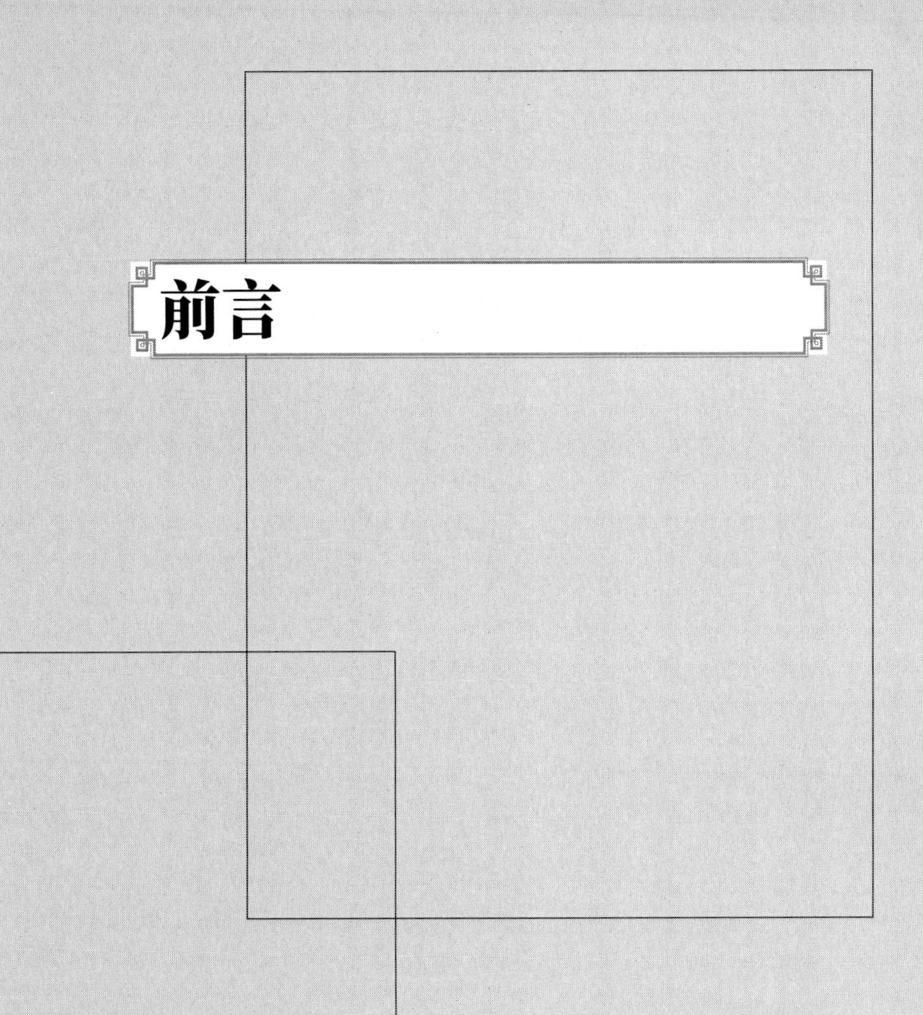

# 前言

好些年前，塔斯基吉師範工業學院（Tuskegee Normal and Industrial Institute）的規模還很小，只有數十個學生和兩、三個教師，而正是從那時起，我開始向學生和老師們做演講，也就是所謂的「星期天談話」（Sunday Evening Talks）。我總是用一種對話的口吻來做這些演講，一如我在家中壁爐邊和孩子們說話那樣。年復一年，隨著學院逐步壯大，朋友們建議我該把這些演講的內容保存下來，為此，在過去的幾年裡，這些演講被速記下來。為了集結成此書，這些演講或多或少會有所修改。而我非常感激我的祕書埃米特 ·J· 斯科特[27]先生和馬克斯 · 貝內特 · 斯拉舍[28]先生，正是他們協助我進行修改並為了付印而費心編排。我還要感激 T· 湯瑪斯 · 福瓊[29]先生，正是他建議我將這些演講內容集結出書的。

週復一週，我在做這些演講的時候總是嘗試與大家的心靈直接對話，無論是對我們的學生、教師，還是對我們的訪客——這些訪客都對自己身處南方之地所要應付的日常問題深感關注。發表這些演講時最能鼓勵我的就是學生、教師以及訪客們的專注，還有就是他們衷心的告訴我他們從這些演講中獲

27 埃米特 ·J· 斯科特（Emmett Jay Scott，西元 1873 ～ 1957 年），美國記者、教育家、編輯、作家。曾任布克 · 華盛頓祕書和戰爭部長牛頓 · 貝克（Newton Deihl Baker Jr.）的祕書。

28 馬克斯 · 貝內特 · 斯拉舍（Max Bennett Thrasher，西元 1860 ～ 1903 年），美國教育家、作家、記者。曾任布克 · 華盛頓祕書。

29 T· 湯瑪斯 · 福瓊（Timothy Thomas Fortune，西元 1856 ～ 1928 年），美國演說家、民權運動領袖、記者、作家、編輯和出版家。他曾任美國最大黑人報紙《紐約時代》總編輯，也是布克 · 華盛頓《自傳》的責任編輯。

得了何種裨益。

過去四年裡，校園報紙上每週都會刊登這些演講的內容。這份《塔斯基吉學生》（*The Tuskegee Student*）發行範圍頗廣，讀者包括我們的畢業生以及南方的其他人士。因此，在某種程度上，我自感每個星期天的傍晚不只是對學生們發表演講，還向這裡大量的南方有色族裔人士做演講。而現在，如果這些演講的內容能為更多的讀者帶來任何的裨益或幫助，對我為這些演講所做的一切努力而言，這就將是超越任何回報的最好回應。

布克 ·T· 華盛頓
阿拉巴馬州，塔斯基吉市

# 第一篇
# 生活的兩面

## 第一篇　生活的兩面

生活可以從很多方面進行分類，但是圍繞著今天傍晚談話的宗旨，我將要談及的是生活的兩個方面：光明的一面和黑暗的一面。

我相信，無論是思想上、言語上還是行動上，你們都會發現，你們早已能把生活區分如下：黑暗的一面和光明的一面，令人氣餒的一面和令人振奮的一面。你們還會發現，就像生活可以分成兩面那樣，人們也可以相應的分成兩類。

有一類人，他們教導自己並且不斷的訓練自己緊盯著生活黑暗的一面；而另一類人，無論是有意還是無意，他們總是訓練自己看向生活光明的一面。

然而，在這兩個方向上走得太遠都是不甚明智的。那些只會教導自己看向生活黑暗面的人很可能會犯錯；而那些只會讓自己看向生活的光明面同時忘記其他一切的人，同樣也會有犯錯的傾向。

因此，我認為我這樣說還是對的：在這個世界上成就最為卓著的人，也就是那些由於他們的熱心助人而受到世界關注的人、那些在每一個方面都能提供幫助的人，他們恰恰就是那些總是能看到也能欣賞生活光明一面以及黑暗一面的人。

有時你會遇見這樣的兩個人，他們在一個陰暗的早晨起床，那時大雨滂沱、溼氣氤氳，令人生厭。於是其中一個會開始抱怨這樣的早晨真是讓人沮喪，會提到房子周圍的泥坑，會埋怨大雨，總之會提到一切一切令人不愉快的事情。而另外一個人，就是那種告訴自己凡事要往好的方面看、要多欣賞生活之美的人，他就會提到雨滴之美，提到剛剛沐浴過雨水的花兒草木有多麼清新。不管事情看起來多麼的沮喪黯淡，他總是能從屋外的景色中找到一些令自己賞心悅目的東西，也總是能在一個憂鬱的早晨找到一些讓自己振奮的東西。

假設你看到這兩個人一起吃早餐，也許他們還會發現麵包做得很差但咖啡煮得很好。要是麵包做得很差，那在這種情況下，遵循這樣一種習慣會好很多，這種習慣可以讓你無論持什麼觀點都能獲益，那就是 —— 盡量忘記它們有多難吃，盡情的享受那美味得讓你心滿意足的咖啡。告訴坐在你附近的人這咖啡有多麼的醇美。這樣做會有什麼結果呢？你會成為一個受人歡迎的人，人們喜歡你出現在他們身邊，在面對困難、心灰意冷時會樂意在你那裡尋找鼓勵。

同樣，當你走進教室上課的時候，不要糾纏於老師那些錯誤，你自認為被你逮到的錯誤，也不要抓著老師講課時的不足之處死死不放。所有的教師都會在某些時候犯錯，而你也許該明白，一個出色的教師、一個品格良好的人，就是一個在犯錯之後會坦率明確的說「我錯了」或者「我不知道」的人。一個能夠說「我不知道」的教師，可是一個非常明智的好教師，要知道，沒有教師是無所不知的。一個好老師會坦誠明確的告訴你：「我不知道，我沒辦法回答那個問題。」

現在就讓我來告訴你，當你們離開這裡，當你們自己也成為教師的時候，你們當中很大一部分人肯定也會遭遇這樣的情況，會有學生問一些你無法回答的問題，或者就一些你不太了解的事情發問，你要記住，在那些時候你最好坦率的說：「我沒辦法回答你的問題。」因為你的坦率與誠實，你的學生只會更加尊敬你。教育不是為了往人們的腦子裡塞東西，教育是為了讓人們能找到自己所需的東西。我對丹尼爾．韋伯斯特[30]所說的話大為信服，他說：「真正受過良好教育的人，不是那些把一切知識都堆砌在腦海裡的人，而是那些每當他想尋找某些事物的資訊時，無論何時何地他都知道該去哪裡尋找資訊的人。」每一個想要成功的人都必須要修行到如此境界。他必須努力讓自己成為一個知道去哪裡尋找事實的人，而不是嘗試讓自己成為一個無所不知的人。

我希望，當你們從這所學院走出去的時候，因為你們在這裡所受的教育，你們都能成為一個不斷尋找生活中光明而令人振奮那一面的人，能不斷發掘生活中那些美麗事物。通常來說，只有那些軟弱的人才會緊盯著生活中不盡如人意、令人沮喪的黑暗一面。我要再說一遍，當你走進教室的時候，嘗試忘記甚至忽略掉那些你自認為看到的弱點吧。記住！要全神貫注於那些關於課文的深思熟慮、那些在備課時付出的誠意、那些講課時展現的誠懇；嘗試去回憶並且記住你透過觀察所發現的一切令人鼓舞的美好事物吧！不管它們是出現在教室裡，還是商店裡甚至是田地裡。無論你在哪裡，牢牢抓住你能接觸到的一切鼓舞人心的事物。

對學生來說，要是養成了這樣一種習慣：總是要不停的挑出老師的瑕疵，或者總是要批評老師，甚至只看到老師身上他

---

30丹尼爾．韋伯斯特（Daniel Webster，西元1782～1852年），美國著名的政治家、法學家、律師和演講家，輝格黨創始人。曾兩次擔任美國國務卿。

們自己認定的弱點而對老師的其他一切無視 —— 是非常不幸的，而這也與他們老師的個性有關。嘗試一下讓自己沉浸在這樣的心情中吧，讓自己不斷的看到並且專注於你所觀察到的一切有力而美好的事物中。

無論來自生活還是來自教師們的授課，養成習慣，多談論生活中積極的一面；當你碰見同學，碰見老師或者其他任何人時，或者在你寫信回家時，養成習慣，多說說你看到的明媚事物、優美事物、那些引人入勝的事物。當你把這些做得恰到好處的時候會發現，你不但推動著自己在正確的方向上前進，還在推動著別人往這條道路上走。相反，老是很情緒化、灰心喪氣，讓離你十尺之內的人都感覺到不舒服可不是個好習慣。有些人啊，因為總是盯著生活中悲觀的一面，最後都沒辦法看到生活的其他方面了，從他們嘴裡講出來的任何事物都是大煞風景的，他們讓圍繞著自己以及身邊各人的氛圍都變得相當討厭。這樣的人肯定是不受歡迎的。為什麼呢？我曾遇到過這樣的人，當他們在路上走來時，我有一種衝動，想要走到路的另外一邊好避開他們。我不想聽他們的不幸故事與哀嘆，那樣的言語我早已聽過無數次，我可不想沉浸於敘事者營造的那種氛圍中。

要推動人們往錯誤的方向前進往往是很容易的；要養成那種死盯著過錯不放的多變性格、不但要讓自己還要讓所認識的人都覺得淒慘不快，這也是很容易的。那些只能活在一種注意過錯氛圍裡的人最終會變得很消極。他們永遠不知進步、永遠沒有行動，就只能過著非常消極的生活。而現在，作為學生，如果也以那種方式成長起來，可不是你們所能承受的。我希望，當我們從這裡送別你們當中每一個人的時候，你們不是作為一股消極的力量存在於世上，而是作為一股強大、積極、有益的力量存在於世上。如果你們讓自己養成了憂鬱沮喪、吹毛求疵的性格，你們就會辜負我們對你們的期望。要發揮出你的極致，你就必須以充滿希望和信念的身心生存於世，你要相信，總有待你去實現的事情；你要相信，你就是那個去實現此事的人，並且你必將會將其完成！

十有八九，生活中那些習慣於只看悲觀一面的人，往往就是那些狹隘可悲的人，那些意志脆弱、目標不堅的人。與之相反，那些習慣於凡事看向美好一面的人、呼喚人們留意生活中各種令人振奮的優美事物的人，大部分都是些堅強的人，人們樂於聽取他的明智建議、得到他的支持。你們還是學生，而我則努力的讓你們看到生活中最好的東西。不要滿足於生活中那些間接得來的東西，在你能讓自己於那種積極的氛圍中找到並牢牢掌握住生活中所能出現的最美好、最高尚的東西之前，千萬不要自滿。

# 第二篇 主動助人

我認為，在我們這樣的學院裡，有幾樣基本的事情，你學會並保持做到了就會受益終生的。

這樣的學院，不僅僅是為你的教育而存在的，也不是為你的安逸享樂而存在的；當然了，讓你舒適快樂也很重要，這我們一直謹記著。這樣的學院，是要給你們智慧、技能和心靈的力量，我們幫助你們得到這一切，繼而你就可以利用這一切再去幫助其他人。

我們幫你，好讓你也能幫助其他人；如果你不能做到樂於助人，那麼當你離開這裡的時候，我們所做的一切將前功盡棄。

你們在這裡學習時所產生的費用，只有極少的一部分是由你們自己支付的，你知道這個事實的時候也許會頗為吃驚。你們都有所付出，但只是極少的一部分。作為這個學院的基金受託管理人，我們無權留下那些可能在離開學院之後無法幫助別人的學生。我們也無權留下那些可能不夠堅強，不能離開這裡並向他人施以援手的學生。我們在這裡授業的目的，就是要讓你成為一個堅強、理智、有用的人。

如果你全數支付你在這裡寄宿的費用，還有你的學費、燃料和照明等費用，那事情也許可以另當別論。但是只要你支付了所有費用中的很少一部分，那我們就必須堅持這樣一點：除非一個學生能成為一個於他人有用的人，否則，無論我們多麼同情他或她，都無權把這樣的學生留下來。這裡的每一位年輕男士、年輕女士都應該感受到，你們在這裡的每一天都是賒借來的，每一天都是神聖的，每一天都是屬於我們整個種族的。

我們的畢業生們以及從這裡走出去的大多數學生們，都是心懷無私精神的，願意拿著微薄的薪水在惡劣的環境下開始他們的工作，即使在很大程度上他們所要面對的境況淒涼得令人沮喪也要一往無前。我們相信，這樣的精神會繼續在我們的學院裡生根發芽；我們相信，我們會一直擁有那些優秀的學生，他們能做到在離開校門之後成為一個幫助別人並令其變得堅強、有用的人。任何一個想要幫助別人的人，自己必須首先是個堅強的人，否則他是無法幫助別人的。你們也注意到了，這裡的課程都是由三個方向上的科目組成的，包括勞作科目、學術訓練科目以及宗教道德科目。我們希望讓這裡的學生變得堅強、高效，讓你們透過學習在每一個方面都成為翹楚。

有些人在得到別人指示的情況下可以做成一件事，但這樣的人價值有限。世上總不缺那些從不思考、從不為自己制訂任何目標的人，他們總要等著別人來告訴他們該做什麼，這樣的人實在一無是處。他們實在該為自己呼吸的空氣付點租金，因為他們只會令空氣變得渾濁。而我們不希望在這裡也會出現這樣的人。我們希望我們的人是善於思考並做好準備的。今早我注意到一件事，在此之前，你們有沒有聽到過側門的鉸鏈發出的那種吱吱嘎嘎的響聲？本來，守門人就應該注意到這種情況，並且不用任何人來告訴他，他就該主動替鉸鏈加點潤滑油。然後，我又注意到，在下了整整一天的大雨之後，四處溼漉泥濘，豬圈那裡沒有做任何的預防措施來保護小豬，搞得牠們身上都是泥。負責看管豬圈的人就不應該等著別人來告訴他要去那裡用乾草墊一下地面，再替豬圈弄一個蓋，好讓牲畜們保持乾爽。每一個負責養豬的人都不應該等著別人來告訴他要這樣做。

我們所需要的人才，就是那些不用等著別人來告訴他做這做那的人，就是那些會自己思考並採取行動的人。如果我們在這裡培養出來的人連管好一個豬圈的能力都沒有，那我們又如何可以期待他們管好國家大事？

此外，你們當中有些人本來應該去把道路做好的。我今早也很希望能看到男孩子們努力把道路弄好，希望他們能把木屑從這棟大樓一直鋪到學校大門那裡去；我也很希望能看到他們在路上放些木板，並想辦法把水排乾。在這裡，我們需要這樣的人才，希望他們不需要等別人來告訴他們要完成此類事情，而是可以自己想到要做這些事情。這樣的人才是值得擁有的人才。

而那些總需要用別人的想法來填充自己心靈的人是價值有限的。

坦白的對你們說，我們不能讓這樣的人留在我們學院裡。我們希望你們成為思想家，成為領袖。

昨天以及前夜，我沿著莫比爾－俄亥俄鐵路從聖路易斯去蒙哥馬利。同車有一位我看還不到 20 歲的年輕人，他最近成了這條鐵路的特別貨運代理，因此他所談的一切都和貨運有關。他和我談起貨運，當然也和其他所有人談起貨運，他會問問這位又問問那位，問他們有沒有貨需要運，如果別人答有，他就會告訴他們一定要用莫比爾－俄亥俄鐵路來運輸貨物。

長此下去，總有一天這個年輕人會成為這條鐵路的全權貨運代理，甚至成為這條鐵路的高階主管。但試著設想一下，要是他坐下來打盹，並等著別人走過來諮詢運送貨物的最佳方式，你還覺得他有把握做成任何生意嗎？

開始思考吧！要是你沒有學會思考，那麼，你們就會成為一個對自己、對別人都毫無用處的人。

每三個月，我們就要在學生中展開一次「清理」運動，而今年的「清理」運動將比以往更為嚴格。我們不得不送走每一個性格脆弱或是道德低下或是不夠勤奮的學生。除非一個學生能在上述三個方面中的某一方面表現突出，否則就不能把他留下。而你們也要努力讓自己在至少一個方面表現突出，你在吃喝、酣睡的時候，都要努力讓自己在某一個方面表現突出，為了能留在這裡，這是你必須做的。

我希望當你們走出校門進入現實世界的時候，不是去享受安逸，而是去做出犧牲、去幫助別人，有人會需要你的協助和犧牲的。你可能會被要求犧牲很多東西，也許是要你承受微薄的薪水，也許是要你在令人不適的建築物裡教學，也許是要你在荒涼的地方工作，而且周遭的一切可能都令人沮喪。

而當我提及你們進入現實世界的時候，我所指的不僅僅限於教室。我認為，那些畢業後成為農夫或者成為其他領域之領袖的人，他們和教師一樣是成功的。

和這所學院有關的最有趣的事情就是，我們的畢業生們不斷締造的驚人紀錄。隨著學院不斷壯大，我們不希望失去那種自我犧牲的精神、不希望失去那種貢獻於社會的精神，這是我們的畢業生和學生離開這裡之後所展示出來的精神。我們希望你們主動助人，希望你們不會只考慮和照顧自己。你越是做出更多的努力讓別人快樂，反過來你自己也會越快樂。如果你想做一個快樂的人，如果你想過一種充實滿足的生活，想得到真正的愉悅，那你就去幫助別人吧！當你感到不快樂、心情不舒暢甚至感覺痛苦的時候，去為那些悲慘的人做點事情，你就會發現，自己又開始快樂起來了。這個世界上真正可悲可憐的人就是那些心胸狹窄、心腸冷硬的人；而真正快樂的人就是那些胸懷廣闊的人，這樣的人總會是快樂的。

# 第三篇
# 克服前進路上的困難

我很肯定的認為，今晚某種程度上幫到你，因為我可以幫你展望未來年月中可能遇上的種種困難。遵從「不要自尋煩惱」的箴言是安穩的，但做好準備應對困難也同樣是可靠的。

當然了，你們所有人都明白，我們有幸在這裡擁有如此龐大的一個「機器」（當我這樣提到機器的時候，你們都該明白我說的就是我們學校），而它需要些時間來臻至完美的運行狀態，或者是任何接近完美的狀態。現在我要重複一遍，那些能預先做好準備迎接困難歲月的人，他們能面對挫折不斷的低谷時期，他們都是些明智的人。明智的人會記住，生活不會總是一路陽光，一切不會總是令人愉快的。日常生活中適用的道理也適用於學校裡，在接下來的學年裡，總會有一些困難，要麼是你將要碰上的，要麼是它要來打擾你的；而我希望，你能竭盡所能做好一切應對的準備。

首先，你們當中的許多人，如果之前不曾對此失望過，接下來也許會對你們已經報讀的課程感到失望。普羅大眾在想像中以為自己已懂得的東西往往比他們真正懂得的東西要多。有些人呢，他們所懂的東西真的是多於自己以為已懂的東西，可這樣的人是很少見的。當一個學生到了那樣一個境界，他所懂的東西確實比他自己認為自己已懂的東西還要多時，那他已經準備好離開學校了。我希望，你們之中的大部分人都能達到那樣的境界。我要再說一遍，你們當中的好大一部分人將會對你們所報讀的課程感到失望。

現在我打算給你們一個建議。當你報一所學校之前，先好好看看那所學校的簡介。一份簡介能提供你所需要的全部學校資訊，然後你就要決定，對那所學校是否有信心。你要搞清楚，那是不是你想要去的學校，然後你要決定，對這所學校是否有足夠的信心，足以讓你成為它的學生。

然後，一旦你做完了上面所提到的一切事情，你要堅定的相信，那些將要出現在你面前、成為你的老師的人，一定比你有更多的經驗，因此他們有能力就你的學業向你提供建議。你要拿定主意，一旦被派去一個較低的班級，而你認為，以你的能力不該去那裡，你還是要遵從你所得到的建議和指示，因為那來自一些比你年長而且比你受過更多教育的人。

另外一種情況也可能會讓你失望，或者是即使沒有讓你失望也會令你思鄉，那就是當你身處那些安排給你的房間中。

你可能會被安排去一些你不喜歡的房間，它們也許不能滿足你的喜好，又或者是太過擁擠。你可能會遇上一些人，他們和你並不志趣相投，你認為完全沒可能和他們相處得好，但他們卻偏偏成為了你的室友。你的房間還可能冬如冰窖夏似火爐。當安排住宿時，這些難題你統統都有可能遇上。

你要下定決心克服這些難題。我常常說，那些在學校草創時就在這裡經歷了一段艱苦歲月的學生，往往都獲得了極大的成功。

和他們那時候的房間比起來，現在你們當中大多數人住的簡直可以算是宮殿！

我深信，這所學校裡的學生都會發現，學校每年都會在照顧學生方面比上一年有所進步。

年復一年，住宿的地方在不斷增多，這也是我們所希望的。年復一年，我們都沒有忘記，我們有責任讓學生過得比上一年更舒適，也一直在為此而穩步前進。但儘管如此，我們尚未能隨心所欲的去做這一切。

因此，你要記住，你會在分派宿舍時遇到難題，那可能是你不喜歡的室友，或者是過冷過熱，又或者是一堆讓你身處宿舍時感覺不太好的東西。但不管你會遇到什麼，你要牢牢記住，你來這裡的最終目標是接受教育，你要讓自己的身心都沉浸在這個目標之中，這會讓你成為一個掌控一切瑣碎小事的大師，所有這些微小而暫時的障礙對你來說都不在話下。

還有，你們當中很多人會對學校提供的伙食感到失望。無論我們如何嘗試盡心的照料，你們當中的很多人還是會對這個方面感到失望。但是，和一些將在你餘生中對你產生深遠影響的事情比起來，一頓飯的意義又有多大呢？一餐兩餐的不快又算些什麼呢？你來這裡，不是為了食物、房子或者其他一切瑣碎事情，你來這裡是要充實你的頭腦和心靈，要讓你自己變得更好，那些才是可以支持你、讓你成為終生都是個有用人才的可貴東西。

你們當中一些人可能還會難以適應要遵守的紀律。有時，你可能要接受一些你認為是錯誤或者不公正的規章。也許，有時有些規章確實是不公正的，而在這個方面，沒有一所學院表現得完美無缺。但在規章紀律方面，我希望你們能學會尊重規章（學會遵守規章和尊敬權威總是好的，對你大有裨益）。對你來說，遵守那些規章，即使是你認為錯誤（也許是規章背後的精神或者動機有錯）的規章，總要好於變成一個以違抗規章為習慣並且不尊重權威的人。

你要記住，要是你想讓自己更加快樂更加堅強，在這一切之上，你首先要學會遵從。假如，在有些情況下不得不如此，你的同學被授予了某些權力，在一分鐘或者五分鐘之內，他有權對你發號施令，那他的命令就是神聖的，你就應該遵從他的指揮，一如你應該遵從這所學校的最高長官所做的指揮那樣。你要明白，聽從權威的指揮並不是一件丟臉的事。

文明的最高表現，也是最可靠的表現，就是人們學會遵從那些地位比他們高的人所發出的命令。

這裡我還要補充一點，在這所學校裡，除了極少數個別情況，學生們一直都樂意遵從學校權威人士，在這個方面，我們學校是值得讚揚的。

我希望你們明白，我也認為你們終會明白，經歷過一段艱苦的歲月，體驗過四處碰壁的苦楚，只會讓人變得更堅強更有力。這就是我希望你們明白的一點：你們來到這裡的其中一個宗旨，就是要學會克服困難。我已經提到了一些你們可能會遇到的困難，但尚有一些是我未提及的，而它們會持續不斷的一直湧現。

只要你學會，無論遇到多大的困難，你都能從容的直接面對它們，並把它們踩在腳下，你就能實現你來這裡的最高目標，同時也幫助展現出我們這所學院存在的意義。

# 第四篇
# 榜樣的力量

數晚之前，在辛辛那提，我在一個大型會議上演講，之後，一群年輕的黑人邀請我去他們的俱樂部待上幾分鐘。我接受了他們的盛情相邀去了那裡，並因此感到十分驚喜。我原本預計，在我的目的地那裡，我會遇見一群年輕男士，他們為著自己享樂的私心，會找來一個房間並將其好好布置了一番。但後來我發現，不是那樣的。相反，在這個叫做「威諾納俱樂部」（Winona Club）的地方，我見到了 15 位 18 ～ 20 歲的年輕男士，他們聚集在一起是為了提升他們自己，並且他們還更進了一步，同時盡可能的幫助這個城市裡那些正走向歧途的年輕黑人。我看到了一個房間，裝飾得很漂亮，地板上鋪著地毯，牆上掛著優美的圖片，圖書區裡放著書畫，就在這個房間裡，有 15 位最聰明、誠實、整潔的年輕人，能和他們見面，實在是我的榮幸。

能見到這些年輕人真是一大驚喜，尤其是在這樣一個北方城市，四處充滿誘惑、邪惡環伺周圍，這群年輕人卻能團結在一起領著其他人朝正確的方向前進。

他們聚集在一起，在他們的第一次會議時就提出，他們的目標就是要團結起來提升自己並幫助別人。他們說，他們的俱樂部規章裡的第一條就是，俱樂部裡不應有賭博行為，而且也不應該出現烈酒，一切與真正高尚的紳士的生活無關的東西都不應該出現在俱樂部裡。

我不得不再說一遍，在辛辛那提看到這樣的工作，真是令我無比高興和振奮。同樣令人欣喜而吃驚的是，當歡迎會快要結束的時候，他們拿出一疊整潔的鈔票給我 —— 這是他們籌集到的錢，他們希望這筆錢能支付我們學院學生的部分費用。

今晚我特別要提到的一點是：

你們所有人都必須記住，你們不僅僅要讓自己在任何一個方面保持整潔、淳樸、理智和真誠，你們還有責任保證自己持續不斷的為他人帶來積極有益的影響。

儘管我希望，你們當中大部分人會清楚的看到前路在南方；但是你們當中很大一部分人都將去那些大城市裡，有的會去蒙哥馬利，有的可能會去北方的大城市。我相信，你們留下來，在這些鄉村地區，會比在大城市裡做得更好。我相信，無論哪一方面，你都會發現，比起去城市，留在小鎮或者鄉村會有更多好處。我相信，我們過著鄉村的生活，也就是農耕生活時，狀態最好；而當我們在城市生活的時候，狀態最差。現在，當你走出去親自融入現實世界的時候，首先必須記住：除非你能一直有所追求並且不流於無所事事，否則你是沒法保持自制的。

吊兒郎當的人都是岌岌可危的，不管他或富或貧。下定決心吧！無論你是要去城市還是要留在鄉村，你都要讓自己有事可忙。

在美國這樣一個富裕而繁榮的國度，根本就沒有讓人遊手好閒的藉口。對於那些四處遊蕩、抱怨著沒啥好做的人，我實在是沒有太多的耐心，在南方，尤其如此。這裡的土地如此廉價，幾乎就沒有藉口讓任何一個男女抱怨他們找不到工作。你要讓自己一直有事可做才會成為一個良好的榜樣。因此，記住了，無論你在城市、小鎮或者鄉村，只要你不是在休息或者在進行某種恰當的娛樂，你就應該有事可做。你要是做不到，就會像千萬個年輕人那樣走向墮落，像千萬個年輕人那樣正在沉淪，像他們那樣屈服於圍繞其周身的種種誘惑。

不要把你賺來的錢押在那些賭運氣的遊戲上，記住繞開那些引誘你墮落的東西，還要教會別人這個道理。告訴你認識的所有人，除非他們能夠遠離賭桌，否則就不能過上健康的、端正的生活。注意要讓你的生活有規律，讓你的睡眠時間有規律。

如果你要娛樂，一定要保證你的娛樂方式恰當。在城市裡，不少年輕人一直熬夜到十二點甚至一、兩點，有時他們會去跳舞，有時會流連於賭桌或者妓院，或者會去酒館裡買醉；因此，他們上班遲到，有時你就會聽到他們抱怨說丟了工作。他們會告訴你丟了工作是因為種族偏見，或者是因為他們之前的雇主不願意再請黑人工作。但如果你去了解一下實際情況，就會發現，他們丟了工作更多的是因為他們不守時，或者因為他們粗心大意。

然後，如果你抵禦不住烈酒的誘惑，你也會變得像他們那樣。如今，烈酒正讓我們很多的年輕人陷於沉淪。我不是說所有的年輕人都沉湎於此，也不是說他們都屈從於誘惑了，因為在許多大城市裡，我都能見到一些年輕人，他們和我在辛辛那提所見到那群年輕人很相似。如果你所結交的人都不是些好人，你是沒法期望自己獲得成功的。

盡可能養成晚上待在家裡的習慣吧，對一個年輕人來說，沒有什麼事情比形成了習慣，覺得自己每一晚都必須在街上或者某些公共場所度過更為糟糕了。

我希望你們離開這所學院的時候，無論你是否畢業了，無論你是在這裡待上一年還是四年，都能記住：你要在你的社交圈中為每一個人樹立一個高尚的榜樣。你要記住，每天人們都會看著你，要是你沉湎於烈酒、結交狐朋狗友，其他人也會和你一樣的。他們會像你一樣塑造自己的生活，因此，你要讓自己的生活成為榜樣，讓成百上千要從你那裡得到指引的人因你這個榜樣而得益。

# 第五篇
# 質樸之美

我希望，你們都認真聽取了小威廉・亨利・鮑德溫[31]先生最近演講時所說的話。我相信，他簡簡單單的幾句話就把這所學院所立足的根基告訴你們。你們會記得，他著重強調了讓這所學院保持簡單，讓它一如既往的質樸。

沒錯，在過去的幾個月裡，這所學院已經贏得了大量的關注，並且正在獲得世人眼中所謂的「成功」。但我們必須記住，一所學院就如一個人，在很多時候，「成功」往往比貧窮更能傷害他。現在，只要我們的教職員工、學生以及學院的所有人都保持質樸、誠懇、細心，我們的學院將會繼續成功，將會繼續以善意和信心，將這個國家最優秀、最睿智以及最慷慨的人都團結起來精誠合作。

而一旦我們學院任何一個部門表現出正變得如世人所說的「高傲」，很快人們就不再對我們有信心、不再支持我們，這所學院也很快就會沒落。我們會繼續壯大，伴隨著建築物、院系、儀器以及師生數量的增加，伴隨著人們對我們的信心，我們會壯大的，但前提是我們要做好本分，實現學院創建之初闡明的宗旨，那就是 —— 讓年輕人學會如何把事情做得特別出色，然後憑此過上一種簡單、樸素、高尚的生活。

當我提到謙遜和質樸的時候，我不是說我們必須要讓世人所謂的「男子氣概」和「女子氣質」從我們眼前消失，也不是說我們要變得畏縮和怯懦。但你們會發現，從長遠來看，在這個

31 小威廉・亨利・鮑德溫（William Henry Baldwin Jr.，西元 1863 ～ 1905 年），曾是美國長島鐵路公司的高階主管，畢業於哈佛大學。後成為塔斯基吉大學的捐資委託人之一。

世界上最有影響力的人，都是些謙遜而質樸的人。

現在，我們不但要保持謙遜，還必須保證，在學校每一個系裡所做的事情都做得仔細周到。每一所學院，當它壯大起來的時候，無論是數量上還是其他方面出現變化，都面臨著極大的風險。在這種時候，只有那些對自己所肩負的責任高度重視的學院才會獲得成功。

只有當參與建造工作的每一個人都做好自己的本職工作時，才能成功的建起一棟棟漂亮堅固的建築物。只有當每一個參與建造的學生 —— 無論是負責製造砂漿的學生，還是負責砌磚的學生，只有當他們都全身心的投入到自己的工作中，盡可能仔細的完成自己負責的部分時，才能成功建起大樓。負責製造砂漿的人，他就必須把砂漿做得盡可能好；然後，到了明天，他也應該做到和今天一樣盡力甚至更好；到了下週，他應該做得比這週更好；而負責砌磚的學生，就必須學會竭盡所能把每一塊磚頭都砌到最好，然後，到了第二天，砌得比前一天更好。

我們必須要記住：我們有責任保養好我們的建築物，不但要仔細認真的建起我們的建築，我們還要想辦法好好保養它們。我們必須確保，在熱心人士的慷慨資助下，透過學生們辛苦勞動建立起來的建築物不會受到任何方式的破壞。

你們要讓新來的學生明白，這些財產都是你們的，這裡的每一棟建築都是你們的。

任何學生都無權以任何方式來毀壞這些辛苦建立起來的東西，在朋友們的慷慨幫助下建立起來的東西。要是你看到有學生拿鉛筆在一面由你塗抹製造的石膏層上塗鴉，你必須去告訴他，他正在破壞的，是你辛苦建立起來的東西，當他破壞這些東西的時候，其他學生就沒有機會好好享用這些東西，而那些學生本該享受到這些東西。

我們要保證，在這所學院的每一個院系裡，都保持著質樸、謙遜和細膩。無論是在系裡，還是在教室裡，你們要保證，無論有什麼任務託付給了你，你們都會用心去完成這項任務。

我們並未預期得到昂貴精美的建築，我們也不想要。但我們希望擁有用心建起的、富吸引力的建築。並且，要是我們能繼續以此種簡單、謙遜的方式行事，終將得到我們所想要的任何建築。只要我們的朋友看到，我們到了理應擁有這些美好東西的時候，他們就會向我們施以援手。

我們要保證，沒有一個院系會有浪費的現象出現。

我們必須用好每一分錢，就如我聽到鮑德溫先生所說的：「我們必須用盡每一分錢，用到極致，用得恰到好處。」現在，我們必須為所做的每一件事注入良知，否則就是一種浪費。無論是在寄宿部還是學術部，或者工業部、宗教部，在我們所有的部門院系，我們必須為我們所做的每一件事投入良知，否則就會出現浪費。讓我們保證，給我們的每一分錢都不會被浪費，因為就是那些捐助我們的人，幾乎每年、每週、每天都會有人呼籲他們給予捐助，各種名目多達數百個，而他們需要選擇該捐助哪一個。他們決定要捐助這項事業還是那項事業。如果我們能讓他們感覺到比別的同類型學院更值得捐助，他們就會把錢捐給我們。

我們還要保證，讓自己的衣著和整個外表保持質樸。如果一個貧窮的年輕人，學費由他人資助的，沒有書，有時沒有襪子，有時連不太爛的鞋子都沒有，卻戴著一副雪白、堅挺、閃亮的衣領 —— 而那是他送去讓別人代勞清洗漿熨的衣領。我可不喜歡看到這樣的年輕人，不想要求人們出錢資助他們。對一個年輕人來說，自己清洗衣領要比假裝成一個他根本不是的人好得多。當你把衣領送到城裡洗衣店熨洗的時候，意味著你有銀行帳戶，意味著你銀行帳戶裡有錢，意味著你有錢過得起奢華的生活，可你真的能負擔得起嗎？我可不大相信，而那樣的行為與假裝不會帶來任何回報。

做回正事吧，就如我曾說的，要是我們這裡的人沒辦法弄好你的衣領，那你就拿些肥皂和水，再找些澱粉和熨斗，學習自己熨洗衣領。你就一直堅持自己熨洗它們，直到做得比其他任何人都好。

我可不是在試圖阻止你們穿戴優質的衣領，我也喜歡看到每一道衣領都是閃亮的，能盡可能的潔白。我也喜歡看到你們穿戴著漂亮迷人的衣領；但是，我不希望你們以為：衣服就能代表人。很多時候，你們可以看到優質的領和袖，卻發現內裡如此空洞。你們應該先做好人，保證衣服裡的是一個真正的人；只要一個真正的人在那裡，總有一天領和袖會出現在他身上的；可如果沒有一個真正的人，就算我們把所能戴上的領和袖都戴上，內裡還是空洞無物。

當你完成學業，走出校門，並且進入某些行業的時候，當你學會了存錢並且有了自己的銀行帳戶的時候，要是你所在的地方沒人能把你的領子弄好，那時也許你也負擔得起把領子送到四、五十里外的地方去熨洗。但是我不相信，現在就在我面前的你能負擔得起。要是你真的負擔得起，我倒希望你把那些錢用來支付部分學費，如今我們可是讓其他人來代你支付了部分學費的。

你還要非常明確，當你走出校門進入社會的時候，你不會以工作為恥、以學以致用為恥。當我和畢業生聯絡的時候，我很高興的發現，這些在我們學院學習了足夠長時間並且熟知學校所推崇的價值觀的學生，沒有一個會以親手勞作為恥；我希望我們能保持這樣的名聲，我希望每一個離開這裡的學生都能建立這樣的名聲。

然後，記住要讓你的言語保持質樸，用最簡單平實的方式來寫信。當小洛克斐勒[32]先生數晚之前站在這個講臺上演講的時候，你們當中有誰不明白他說的話呢？在他的演講中，有沒有哪怕一個單字、一段引用或者數字是你所不能明白或者不能欣賞其全部力量的呢？他的父親可能是這個世界最富有的人，但是他的演講中沒有任何華而不實之處。每一個詞都那麼簡單平實，每一個人都能明白他所說的一切。他沒有引用拉丁或者希臘語錄。

有些人會有這樣一種觀念：當他們受過一點教育又有了一

---

32 小洛克斐勒（John D.Rockefeller Jr.，西元 1874 ～ 1960 年），美國著名的金融家、慈善家，洛克斐勒家族的重要成員。美國標準石油公司即後來的美孚石油公司的創始人之子。

點錢的時候，他們就可以用一種無人能明白的方式說話，這樣他們就算是受過教育的人了。這可大錯特錯了！因為沒人明白他們，連他們自己也不明白自己，沒人會對這樣的事情產生共鳴的。如果你要寫東西，就用盡可能平實的方式來寫，用盡可能少的字，用盡可能簡單的詞彙。

要是你用一個單音節的詞就可以表達你的意思，你就用單音節詞而不要用雙音節詞。如果你沒辦法用單音節詞來表達，那就嘗試用一個雙音節詞而不是三、四個音節的詞。無論如何，讓你的話盡量簡短，讓你的句子盡量簡潔明瞭。

簡單質樸之中蘊含有大力量，無論是質樸的演講，還是質樸的生活方式。世界對那些膚淺的人、總想賣弄炫耀的人、企圖在世人面前假裝自己是某一類階層的人毫無耐心。

有時，你會對某些州將要通過的法律感到恐懼和沮喪，但是，沒有任何一個州、一個市，地球上沒有任何一種力量可以消除一種高貴、淳樸、簡單而實用的生活所帶來的影響。每一個懂得如此生活的人都會有機會發揮他的影響。

沒有人能夠永遠壓制這樣一個種族：一個正在汲取那些為世界所認同力量的種族，那是世界一直認同並且將會繼續認同的力量，那種力量展現了最高貴的英雄氣概和溫柔特質。

因此，沒有什麼好沮喪的。我們正在大步前進，而且，只要不被這些偶爾出現的困難嚇倒，我們就能繼續前進。你會發現，每一個理應受到尊重、讚揚和認同的男女，都會受到尊重、讚揚和認同。

# 第六篇
# 竭盡全力

如果你們還沒有竭盡全力 —— 當然我實在很希望你們已經這樣做了，我認為你們要明白，對你們每一個人來說，都適宜在這個季節停下來好好考慮一下你們的學年，從每一個角度來思考你們的學校生活。假設你們的父母或者家鄉親朋就在你面前，假設那些支持資助這所學院的人就在你面前，假設老師和其他所有以各種方式關心你的人就在你面前。

現在，假設今晚你就坐在父母的身邊，旁邊就是壁爐，你看著他們的臉；又或者，假設你身邊就坐著你最親密的朋友，那些給了你最多幫助的人，那些一直鼎力支持你的人。假設就這樣，我希望你們來回答這個問題：到目前為止，回顧一下你的校園生活，你在學習上已經竭盡全力了嗎？

你有沒有對你的父母保持誠實？多年來，他們默默無聞的努力掙扎、埋頭苦幹，做出了許多犧牲，只為了讓你可以來到這裡並且留下來，你有沒有對他們保持誠實？你有沒有真正關心他們？你有沒有對你的老師說實話？你有沒有對那些支持資助這所學院的人說實話？

簡而言之，當你們預習和朗誦課文的時候，你們有沒有做到最好？請你們憑良心來回答，你做到最好了嗎？恐怕，你們當中的大多數，面對良心、面對真我時，發自內心而給出的答案是：你還沒有做到最好。總有一些寶貴的時間，寶貴的分分秒秒，徹底被你丟棄了，從這些被丟棄的時間裡你什麼都沒賺到。

好了，假如你能發自內心的誠實回答，說在預習或者朗誦課文的時候以及做其他一切事情的時候，你還沒有做到最好，那麼，亡羊補牢為時未晚。要是到了這個學期結束的時候我才來提醒你這件事，那就太晚了，而我也會因此覺得遺憾的。

要是到那時才來提醒你，你們當中很多人也許就會愁苦的拉長了臉說，要是我早點提醒你們，你們就可以做得更好了，你們就可以對父母和朋友更坦誠了，無論從哪一方面看，你的生活也會大不一樣了。所以，我現在提醒你們，猶未晚矣。

假設 —— 其實就我所知，這個假設適用於你們當中為數不少的人 —— 假設你已經丟棄了許多寶貴的時間，你對老師給出的建議充耳不聞，你在預習課文的時候馬馬虎虎，你在背誦課文的時候費力不順，我希望你們能夠誠實的對待並告訴自己：「從今晚開始，我將管好我自己，不再放任自流，持之以恆，而作為一名學生，我的生活將會和從前大不相同。」

現在再次假設，你的父母、最親愛的人就在你面前，再來回答這個問題：你在這裡做功課的時候、勞動的時候，你竭盡全力做到最好了嗎？在田間、在店裡，當你拖著鐵犁、拿著泥鏟、握著錘子、拉著鋸子的時候，你發揮出最佳水準了嗎？你在縫紉室裡、在烹飪課上做到最好了嗎？你讓父母為了送你來這裡念書所犧牲的時間和金錢變得有意義了嗎？

如果你在上述各個方面還沒有做到最好 —— 而你們當中很多人確實還沒有做到，那你們仍然需要花些時間來改變一下自己，做一個完全不同的人，現在還不遲，你可以把自己徹底改變過來的。你們當中那些漠不關心而行動遲緩的人，那些粗心大意、馬馬虎虎的人，那些想盡一切辦法在勞動時偷懶的人，對你們來說，現在還不遲，你還可以改造自己，你還可以對自己說：從今晚開始，你將成為一個完全不同的人。

在讓你身邊的環境符合學校要求方面，你發揮出最佳水準了嗎？要知道，你就是學校生活的一部分。在學習如何照顧自己、如何讓自己保持整潔純淨、如何認真有規律的使用牙刷方面，你們發揮出最佳水準了嗎？當你獨自一人去做那些事情的時候，你足夠老實嗎？你使用牙刷是不是因為你覺得，這是學校提出來的要求；還是因為你覺得，如果你不用牙刷，就是不能整潔、真誠的和你的舍友相處，不能讓上帝看到真實的你？

當四周一片黑暗時，你是不是亦如身處光明時一樣使用牙刷？你有沒有明白，某天即使沒有人來檢查你的房間，你也應該認真仔細的讓你的房間保持整潔，與有人要來檢查無異？你在這個方面足夠細心了嗎？你有沒有逃避或者忽略這個責任？有沒有把部分責任推給你的室友？你有沒有像某些俚語所說的那樣「開溜」或者「得過且過」，因而沒有透過用心的工作來保持房間的整潔，讓其變得更好、更吸引人？

對你自己、對你父母、對那些捐助了這麼多錢來支持資助我們學院的人，你真的足夠誠實了嗎？總而言之，你真的對你父母足夠真誠，真的遵從了你最好的本性，努力讓自己變得有骨氣、夠堅持、徹底坦白了嗎？

譬如說，你們當中那些初來乍到時還有撒謊習慣的，或者會變著方法作弊的人，你們當中那些初來乍到時依然經不起誘惑的人，屈身誘惑之下要拿走一些不屬於你的財物，你們有沒有盡力去戒除這些習慣？有沒有努力鍛造自己的品格？你現在是不是更經得起誘惑？比起以前的你，現在的你是不是更能抵制誘惑？如果你還不是，那你在這方面就是毫無進步！

但是，現在還不遲。如果你們當中有誰，曾經如此不幸的讓那些卑劣的習慣、性情、行為、思想和言語所支配，如果迄今為止，你過的是一種卑微、枯燥、狹隘的生活，那你就要擺脫這種生活。打開心扉，現在就告訴自己，「我將不會再讓那些卑劣的思想、言語和行動壓倒我。從今以後，我的所有思想、所有語言、所有行動都將是寬廣的、慷慨的、高貴的、純粹的。」

簡言之，我希望你們固守這個信念：你可以按你所想的那樣去塑造未來。如果你明白了這個基本的道理，並且無論是在學校還是以後走出校門時都可以堅持這個信念，你可以讓未來一片光明、快樂而充實。這個基本的道理就是：

沒有人可以在不竭盡全力的情況下獲得回報，除非你全身心投入了，否則不會有任何回報。那些不誠實的人，沒有在教室裡或者商店裡竭盡全力，無論他在哪裡，長此以往，他將發現不會有收穫。某些短暫的時間裡也許你會覺得這樣挺好，但長遠來說，沒有任何一個人可以在不老老實實發揮出最佳水準的情況下獲得任何回報。

現在我希望你們想想這些事情：放縱到此為止，就在今晚這所教堂裡。到明天，我希望看到，你們的教室裡、你們所接觸到的一切都會因為你們而變得閃亮，即使是你們的手指頭也要閃亮，我要看到你們在每一件事上都做到最好！就這樣去做，當到了學年末的時候，你們就會發現，你已經變得更強壯、更純粹也更聰明，你讓你的父母以及所有關心你的人更快樂，你已經做好準備，不會辜負這所學校以及這個國家對你的期望。

# 第七篇
# 不要灰心

## 第七篇　不要灰心

上個週日的晚上，我花了幾分鐘來和你們談了在校園生活的每一個階段都決心做好正事有多重要。然而，總會有些事情，會令那些搖擺不定的人半途而廢，一旦這些事情發生在校園裡，它就會在很大程度上妨礙學生們做到最好。其中一樣，就是養成了易於灰心的性格。有太多的人、太多的學生，他們本來可以成功、圓滿的過完校園生活並帶著榮譽畢業的，但他們卻失敗了，只因為他們變得灰心喪氣。

校園生活裡會有好些東西令學生變得灰心，我將要列舉出其中一部分，儘管我也不太肯定是否能把這些全部羅列出來。很多時候，學生們會因為自己的勞動而變得灰心喪氣，不是天性讓他們希望如此，也不是因為他們沒有被分配到自己想從事的交易項目。另外還有很多人感到氣餒是因為他們的課堂學習：他們發現，學習很困難，課文太長而記憶力有限；自己很難明白老師講課的內容，又或者老師很難明白他們的想法。有些人則因為覺得自己完全被老師和同學們誤會從而感到無比沮喪。他們覺得，在教室和商店裡所付出的努力並沒有得到賞識。

另外一些人呢，則是因為覺得自己沒有朋友而感到沮喪。在他們看來，別的學生都有朋友，這些朋友會鼓勵他們，為他們提供金錢資助，還會為他們提供衣服，而他們自己則沒有這樣的朋友。

你們會因為諸如此類的理由而洩氣，覺得你們盡了最大的努力卻沒有得到欣賞，所有這些都有可能讓你感到沮喪。你們當中還有不少人，會因為覺得屬於一個備受藐視的種族而感到灰心，長久以來，膚色或者某些古怪的特質在折磨著你，讓你無比唏噓；因為覺得被人忽略了或者受到了壓制，所以你感到沮喪，你找不到理由讓自己努力前進，認為自己屬於一個注定要失望、只能過著低下生活並且不可能成功的種族。

你們當中有些人則是因為貧窮而感到灰心和消沉。也許在這裡，我擊中了大部分令人沮喪的事情的本質。你們來到這裡之後，你們的父母讓你們失望了，他們沒錢給你，沒辦法給你得體的服飾，或者一切你認為你應得的東西，而很多時候，你確實是需要擁有這些東西的，然後，你就感到沮喪了、氣餒了。你發現了，其他學生都有錢，可你沒有。他們不但有錢買學校生活的必需品，甚至還有錢買奢侈品，而你呢，幾乎連買最基本的必需品的錢都沒有。其他學生的衣服多得穿不完，而你的衣服則少得可憐。很多時候，你因為寒冷而顫抖，而其他人卻能穿著舒適、打扮得體。有時，你甚至恥於面對大庭廣眾，因為你不得不穿著老舊的大衣、褲子和鞋子。

你們當中另外一些人呢，則因為找不到適合的書本而感到沮喪；有些人因為沒法籌到所需的錢來買書、買牙刷或者其他生活必需品而感到沮喪。你發現自己在每一方面都很不順心。你不是因為這件事沮喪就是因為那件事難過，你覺得，沒有誰的生活會過得像你這般艱難。你灰心、不滿，你想要放棄。

今晚，我要告訴你，這些令你灰心喪氣的東西，作為生活不可或缺的一部分，自有其目的及意義。我從不相信，生活中會有一件事情是毫無意義的！我相信，每一次我們努力越過障礙都會帶來力量，讓我們對自己充滿信心，這是其他任何東西所無法賦予的。我寧願看到你們為了讓自己生活得更好而努力拚搏，看到你們在農場工作時、在建造校舍時或者在商店兼職時辛苦揮汗，沒有錢也沒有衣服，我們也不願意看到你們在這裡有著太多的錢，並且在毫不費力的情況下就得到你想要的一切。

和有些人比起來，你們是受到庇佑的孩子。那些有錢的、不用辛苦工作賺錢、毫不費力就過上舒適安逸生活的人，要是同時還能拯救自己或者別人的靈魂，實在是很少見的，簡直就是罕見。

你身處貧苦的境況對你們來說不是一種詛咒，而且，要是你能下定決心去克服現今環繞在你身邊的種種困難，你就會發現，當你努力克服這些困難的時候，你的力量和信心也會隨之增長。下定決心吧！不要讓任何東西使你感到灰心喪氣，不要讓難學的課文、老師的斥責、對金錢和書本的渴望使你感到沮喪。下定決心吧！不管你的種族和膚色如何，也不管你究竟遇到了什麼障礙，無論如何，你要在學業上獲得成功，並且讓自己從此成為一個有用的人。

每一個有用的、卓越顯赫的人，幾乎毫無例外的都是透過克服困難、跨越障礙成長起來的，他果敢堅毅，當他遇到挫折也絕不放棄。下定決心吧！你要跨越每一個挫折，你不會讓任何的障礙壓倒你。你們當中那些容易喜怒無常的人、容易悶悶不樂的人，那些總覺得整個世界都在與你作對的人，那些認為努力嘗試提升自己是白費力氣的人，你們要記住：你的前途和別人一樣可以是一片光明的。只要你這樣做了，你就會發現，你的前途究竟是如你所想般光明還是黯淡，全由你自己來決定。

# 第八篇
# 安身立命之所

每一位黑人都應該讓他自己以及他的子女盡快有一個安身立命之所。不論占地多麼小，也不管上面的建築多麼粗陋，給自己一個可以稱為「家」的地方刻不容緩。

其實，為自己建立一個家，比許多人所想的來得容易。每週省下來一點點錢，或者每月省下來一點點錢，然後謹慎的投資到一塊地上，很快就可以保證自己有一塊能建起溫馨房子的土地。任何一個人，在沒有擁有屬於自己的舒適的家之前，都不應自滿。越來越多的南方的州正在為投票權套上限制條件，要求擁有至少 300 美元財產的人才可以投票。因此，一個人擁有自己的家，不但會因為擁有一棟自己的房子而受益，從另一個方面看，還會因此擁有了投票權。

當選擇土地的時候，要非常小心謹慎。要是土地位於擁擠、骯髒的小巷裡，那是沒什麼好處的。你們應該去一條環境良好的街道尋找土地，最好就是那些獲得悉心管理的街道，這樣一來，家園四周的環境才能令人愉悅。即使要走過很多的地方才能找到這樣一塊土地，也遠好於你在一些醜陋、不討人喜歡的地方建一座房子。

對我們來說，在鄉村置一塊田地要比在城市裡買一塊地好。但無論是在鄉村還是城市，在保證能有自己的家園前，我們不能自滿。作為男子漢，可不能在沒有房子的時候就去結婚，讓他的太太承受著在他死後居無定所的風險。

我很遺憾的看到，我們有很多的同胞，當他們已經買了一塊地並在上面建起了兩、三間房子之後，他們就自滿了，就再沒有想辦法讓自己的物業變得更好了。首先是房子和土地都沒有保持整潔，這是很多人都會有的問題，如柵欄失修、粉刷不當。其實，當房子買下來之後，就應該給予其最精心的保養，讓其保持在一流的狀態，要讓房子的牆壁和柵欄都整齊的刷上石灰或油漆，不應該讓柵欄上的木條脫落，或者已經脫落了就放著它們不管。要是有糧倉或者雞舍，也應該把它們保養好，和房子一樣，也該替它們刷上石灰或者油漆，讓它們看起來整潔迷人。

石灰和油漆可以增加一棟房子的價值。要是人們把聊天吹牛的時間或者在街上閒逛的時間分一點出來，替房子刷上石灰和油漆，那房子的外觀就會大大不同，其價值也會因此有所提升。

就在不久前，在某個鎮的附近，我參觀了某間房子，可我實在沒辦法把這房子稱作一位老牧師的家。那是一位受過良好教育的人，把自己的時間都花在了其教區，四處向成百上千的黑人同胞布道傳教。可就是這樣的一個人，他的家堪稱是他個人也是他這個種族的恥辱。

整個房子都沒有刷石灰或者油漆，柵欄也一樣，院子裡雜草叢生，也沒有路徑，當然也沒有花。房子外面、院子裡面的一切都堪稱晦暗之最，令人感覺乏味。在我所看到的範圍內，我沒有在房子四周看到哪怕一顆蔬菜，也沒有看到小雞或者其他家禽。

這不是生活該有的方式。這更加不是一位牧師或者一位教師所該有的生活方式，因為他們不但要用言語來帶領人們，還要以身作則、樹立榜樣。每一位牧師、教師都該讓他的家、院子、花園，統統都成為那些他嘗試教導或指引的人效仿的榜樣。我得坦誠的說，如果一位牧師，其家園的狀況和我在上面描述的情況差不多，對他的布道我可沒有多少信心。我的同胞們，我們實在沒有必要養成住在那樣的環境的可悲習慣——沒有必要住在那些年久失修、沒有粉刷的房子、那些讓人不適的房子，尤其是一些並非我們所擁有的房子裡。為什麼就不能讓房子不但舒適而且迷人呢？這樣，至少人們光看房子的外觀是沒辦法分辨出這房子裡住的究竟是白人還是黑人了。

當買下一棟房子後，我們不但每年要修繕房子，讓它變得更好，而且，隨著家庭的人口增加，我們也該擴建房子。一棟房子不但應該保持舒適，而且應該方便好用。應該盡快有個起居室，在裡面放上書和報紙，在冬日的晚上，讓一家人都可以在裡面閱讀、學習。而且，一棟完整的房子是不該缺少浴室的，因此房子裡也應該盡快有個浴室，這樣，每一個家庭成員在每一個早晨都可以有乾淨新鮮的水源來洗澡，並因此而精神大振。這樣的沖洗，可以讓一個人精神飽滿的投入到一天的工作中，讓人不但保持體力充沛，而且在精神上保持良好的狀態，令人認真而虔誠的工作。

房子裡另外一個重要的地方就是餐廳。餐廳應該是一棟房子裡最吸引人、最舒適的地方。它應該是寬敞、通爽的，裡面光線充足，無論在夏天還是冬天都感覺舒適。我把這些建議給你，是希望你能把這些應用到實踐中，然後可以影響別人，讓別人也如此修建房子。

儘管我們整個種族依然貧窮，以上的種種建議，在很多情況下，都是可以應用到實際中的。我們的教師、牧師以及那些受過教育的年輕人，都應學會把這些建議付諸實踐。在學校裡、在教堂裡，在農民會議上、在婦女會議上，其實無論在哪裡，只要大家齊聚一堂，就應該有人來教導他們。

# 第九篇
# 名副其實

## 第九篇　名副其實

數晚之前，我跟你們講了，在步入社會之前，學會保持質樸、謙遜、赤子之心究竟有多重要。在你明白自己對很多東西一無所知之前，在你願意向任何一位樂意教導你的人學習前，你都該繼續留在學校裡學習。

很不幸，在南方，有很多事情，都遠不是我在上面所講的那樣質樸。人們傾向於把事情弄得面目全非。以學校為例子來說吧，很多時候，人們喜歡用一些不屬於學校的名字來稱呼學校，而這些名字還不能正確的反映現實。你們會發現，這種風氣一年比一年盛行，把一所學校叫作大學、學院、研究院或者高中，我們很少會聽到人們用平實、普通的名稱來稱呼一所學校——稱其為公立學校或者初級學校。

如果任由這種風氣侵蝕自己，不會有什麼好處。如果一所學校是公立學校，那就這樣叫它。但千萬不要以為，當我們把一所只有兩、三間教室和一、兩個教師、裡面有些學生還在學習字母表的鄉村小學校叫作「大學」，我們就能獲得任何好處了。可就像你們所知道的那樣，在南方，這種名不副實的做法實在是太多了。這樣做不會讓人贏得尊敬或者自信的，相反，理智的人們會對此類造作的行徑感到厭惡。當你進入現實社會並且碰到類似情況時，嘗試讓人們明白，恰如其分的稱呼他們那小小的公立學校，要比把它叫作「高中」或者「研究院」更好。我不是說，那些學校沒有權利嚮往著變成一所高中或者學院，我想要表達的是，對一個種族來說，養成了習慣，把每一所開門授課的小小學校都叫作「學院」或者「大學」，那是有害的。那只會削弱我們，讓我們變得無法腳踏實地，不能建立起扎實的根基。

此外，當我們把每一位站在講道壇上布道的牧師或者其他人稱作「博士」，而不管他是否獲得了這個學位的時候，也在犯著同樣的錯誤。

理智的人早已對此感到厭倦。神學博士學位，曾經一度備受尊崇，並且只授予那些有權享有這個學位的教長或者那些做了大量學術工作或獨創研究的人。在受過良好教育的人群中，仍然保留了這種規則。但今天，尤其是在南方，很多開門授課的小學校，一邊把自己稱作學院或者大學，一邊開始向一些與神學博士學位不相稱的人授予這個學位。有些時候，甚至那些無法讓這樣的學校授予學位給他們的人，他們索性就自稱為「博士」！這樣的風氣如今無比盛行，連小鎮裡的教長也會自稱為「博士」。當一位牧師遇到另一位牧師的時候，他會說:「博士早安啊！」然後另外一位為了讓自己和他的朋友一樣禮貌，就會回應說：「你好啊，博士！」如此「禮尚往來」，直到兩人都開始相信他們真的就是博士。好了，這樣的行為不但可笑，而且會對我們的種族造成損害，我們不該鼓勵這種行為。

還有，很多本應傳道授業解惑的人也應該接受類似的批評。一個在鄉村小學教書的人，也許就在灌木叢中的涼亭裡教書，偏偏被叫作「教授」；隨便一個帶領著一個班的人都被叫作「教授」。不久之前，我去探訪了一個小鎮，當我聽到人們提起某位「教授」時，我很想知道這位教授究竟是誰，於是我等了好幾分鐘，這位「教授」最終出現了，然後我認出了他 ——是我們一個補習班中的一位成員！你們可千萬不要讓自己陷於這種愚蠢而可笑的境地，這讓社會蒙羞。要是人們企圖叫你「教授」，或者用其他名過其實的頭銜來稱呼你，你就要告訴他們，你不是個教授，你只是一個普通的「先生」。對任何人來說，這樣的頭銜已經夠好了。當我們到了相應的境界時，自然就有權被稱作「教授」，可是，當我們濫用這個頭銜的時候，只是在令這個彰顯學術成就的頭銜蒙塵蒙羞。

還有，當我們讀出所寫的作文、演講稿時其實不過是在大段大段的朗誦他人的文字時，也在犯著同樣的錯誤，也是在濫竽充數。

你們可以到任何一間有我所講的那種「神學博士」的教堂去看看，幾乎在每一間教堂裡，都可以聽到那些從書本和刊物上摘抄下來的布道內容。那些論文、演講、布道內容，通通都不是出自他本人之手，通通都來自一個不扎實的基礎。

因此，我要提請你們注意一種錯誤。在南方的許多地方，尤其是在城鎮，會有些出色的公立學校，那裡設備良好，各種儀器和資料齊全，還有傑出的教師，但某些時候，由於有少數宗教學校阻止公立學校招生，讓這些學校的學生數量不足，這些公立學校的發展受到了阻礙。這些教派會要求，如果學校不能建立在某些宗教的教堂裡，那它們最好離這些教堂近些。在普通的小鎮裡，也許會有各個教派的教堂——非洲人美以美會（the African Methodist Episcopal church）、錫安教會（the Zion church of the Baptist church）、衛斯理循道會（the Wesleyan Methodist church）——諸如此類，都在小鎮的各個區裡。這些教派組織，倘若獲得了城市或者小鎮提供的經費支持，不但沒有支持一所公立學校，反而剝奪了天真的孩子們去那裡受教育的權利。

我們要對那些樂意接受此種現實、樂意讓孩子們被剝奪受教育權利並讓孩子們接受二流教育的人說：你們錯了。我希望你們能讓人們知道，偉大的公立學校系統是美國這個國家的最大榮耀，因此，當我們企圖摧毀那些公立學校的時候，於事無益。當然了，對每一個教派組織來說，他們有權利也有責任建立他們自己的神學院。在那裡，那些準備好要獻身講壇布道的人可以學到教派的教義。但是，沒有人有權力讓這些教派組織摧毀公立學校的心血 —— 每個人都有去上公立學校的自由。

我仍惦記著一個地方，在那裡，黑人能有一所出色的學校，和白人的學校相差無幾。我參觀過那裡的校舍，發現那裡有不錯的儀器和有才能的教師，看到那裡的人們表現一流。此後，有人帶領我去離城市大約一英里遠的地方，那裡有另外一所學校，只有一個不太勝任的老師，大約有六、七十個學生，在接受著糟糕的教育。在這個地方，三流的老師在三流的校舍裡努力的教學，學生們因為缺乏適當的指導而深受其害。為什麼會這樣呢？只是因為人們希望在城市的這一區裡有一個屬於他們教派的學校。

現在，你們就需要鼓起勇氣，好足夠勇敢的去譴責此類錯誤的行為，並告訴人們他們在這方面犯了什麼錯誤。

我講了上面那一大堆的錯誤，是因為那些錯誤阻礙了我們建立一個扎實的基礎。很多時候，它們還會妨礙我們獲得教學時所需的、布道時所需的以及做許多其他事情時所需的領導力量。因為，無論你要到哪裡去，請記住，你將要發揮你的影響力去支持那些更好的老師和牧師，支持那些做好準備可以成為人民領袖的人。只要你在這些方面做出了正確的抉擇，人們就會跟隨你。

# 第十篇
# 歐洲印象

在美國，有些人會認為，我們當中有部分人，在為黑人提供的工業培訓這事上實在是小題大做。對於那些懷疑論者，我希望他們能去歐洲看看，看看那些比我們早了好些年就發展起來的民族在這方面是怎麼做的。我不打算在這裡花時間講述歐洲在對男士們提供工業培訓方面做了些什麼；相反，我打算講講，在英格蘭，他們為婦女做了些什麼。

我和我太太造訪了位於英格蘭斯塔德利城堡[33]的女子農業學院[34]，在那裡我們見到了40位聰明優雅的女士，她們當中大部分人都是畢業於高中或者某些學院的，但現在她們都在這所學院裡學習農耕、園藝、畜牧和家禽養殖的實際技能。

我們發現，她們會在實驗室和教室裡學習農業化學、植物學、動物學以及應用數學；我也同樣看到她們在園子裡，種植蔬菜、修剪玫瑰花叢、施肥、種植葡萄，在溫室和田地裡栽培水果。

為了向我的同胞另提一個建議，我不得不說一下，當我在英格蘭的時候，我發現，當地一位甚具影響力的議員會將其議員工作暫停三日，轉而去主持「全國家禽養殖員協會」(the National Association of Poultry Raisers) 的會議，這個會議的與會者來自全國各地。

我和我太太造訪荷蘭的時候也看到了很多你們也許會感興

33 斯塔德利城堡 (Studley Castle)，位於英國瓦立克郡的城堡。

34 女子農業學院 (the Agricultural College for women)，由英國瓦立克郡公爵夫人黛西·格雷維爾 (Daisy Greville，西元 1861 ～ 1939 年) 於西元 1898 年創辦。

趣的東西。曾有一種說法：上帝創造了世界，而荷蘭人創造了荷蘭（God made the world, but the Dutch made Holland）。要是想完全認識到此句話中所表達的力量，你們一定要親自去荷蘭看看。要是想探訪荷蘭內部以及那裡的農民如何生活，最好的方式之一就是像我們一樣，坐上來往於比利時安特衛普[35]和荷蘭鹿特丹港[36]之間的運河船隻來一趟旅行。對於我來說，對比一下荷蘭的鄉村生活和美國南方黑人的鄉村生活是一件頗有趣的事情。荷蘭的大部分領土都是由一套獨特的堤壩系統構築起來的，這些堤壩用於抵禦海水侵蝕，好讓人們把小小鄉村裡各片田地都全部運用起來。

我們的黑人農夫同胞可以從荷蘭人那裡學到的最好經驗就是如何充分利用一塊小小的地來進行耕種，而不是在一片四、五十畝大的土地上胡亂耕種。我曾親眼見過，在那裡，有個家庭耕種著只有 2 畝的土地，卻過得很好。對比之下，在我們南方，很多時候這裡的農夫耕種著 50 到 100 畝的土地，卻每每在年底時發現自己負債累累。我不相信，有人能在荷蘭找到一片 100 畝被浪費的土地。那裡的每一寸土地都種上了青草、蔬菜、穀物或者果樹。南方的農夫們假如效仿荷蘭的農民還會有另外一個好處，那就是他們不必花那麼多錢在馬或騾子上。在荷蘭那裡，大部分的耕耘工作都是透過鋤頭鐵鍬完成的。

---

35 安特衛普（Antwerp），比利時最重要的商業中心、港口城市和佛蘭德的首府，是比利時第二大城市。

36 鹿特丹港（Rotterdam），荷蘭第二大城市，位於荷蘭的南荷蘭省，新馬斯河畔。其名稱來自於在市中心注入新馬斯河的小河鹿特河、以及荷蘭語的「壩」（Dam）。

我曾在週日以及其他時間都見過荷蘭人，但無論是男人、女人還是小孩，沒有一個人衣衫襤褸。而且沒有乞丐也沒有特別窮的人，他們的繁榮生活，很大程度上應該歸功於他們那些細心而聰明的耕耘工作。

除了這些精耕細作值得學習外，那裡另外一樣極為引人注意的事情同樣值得南方的人民學習，那就是他們的優良乳業，那可是讓荷蘭揚名世界的事業。在那裡，即使是最窮的家庭也會擁有屬於自己的霍爾斯坦牛[37]，而牠們是我所有幸見過的最好乳牛品種。單是為了看看數千頭這樣的乳牛在草地上放牧都值得去一趟荷蘭了。正是由於他們對這些乳牛的精心餵養，使得荷蘭出產的奶油和乳酪在整個歐洲都廣受歡迎。在那裡，最普通的農民都可以透過售賣奶油和牛奶而獲得現金收入。

那裡的很多人從風力上賺到的錢，比我們南方可憐的人們從土地上賺到的錢還多。幾乎在每一個農場都可以看到那些傳統的風車，它們不僅僅是用來抽水餵家畜，很多時候還可以用來製造乳品、用來鋸木、用來碾磨穀物以及用來推動重型機械。然而，那裡的人和我們南方的人沒有什麼不同，他們的婦女和兒童一樣會在田地裡工作。在這個方面看來，我覺得他們比我們南方的黑人走得更遠。

這些從事農業、乳業的人身上一個特別明顯的優勢就在於，他們當中的許多人都接受過學院或者大學的教育。他們往

37 霍爾斯坦牛 (Holstein cattle)，亦稱荷斯坦牛、荷斯登牛、荷蘭乳牛，是家牛的一個產奶品種。原產於荷蘭，現在已經遍及世界各地，身上分布著黑白斑狀花紋。牠是主要的乳牛品種之一，年平均產奶量可達 7 噸。

往會在受過這些教育過後，再接受關於農業和乳業的特別培訓課程，這是對的。要是我們南方的大部分人也能在完成學術課程後聽從種族的召喚回歸農業，那我們一定能相應的繁榮興盛起來。

至於外形方面，無論是優雅、美麗還是身姿體態，我認為我們都遠勝於荷蘭人。但是，荷蘭人是一個刻苦耐勞、質樸粗獷、力爭上游的民族。我們乘船遊覽運河的時候，總能在碼頭看到很多穿著木鞋的男士，還有很多女士和孩子戴著那些傳統的漂亮頭飾。那裡的每一個族群都有其風格獨特的頭飾，那是從祖上一輩一輩的傳下來的。

我們在週日去了鹿特丹。街上的男男女女自由自在的走在一起，甚為喧鬧、令人注目。在這方面，我們美國人也許可以為荷蘭人樹立一個榜樣。荷蘭的文明，都是建立在當地人民對法律的尊重和遵守上的；而我們南方的人民要是也想贏得全世界的尊重和信心，那就要好好向荷蘭人民學習。對於歐洲人來說，他們沒辦法明白，南方何以能一而再、再而三的蔑視自己的法律。要是你問問大西洋那邊的人，隨便一個人，問他為什麼不移民來美國南方，他一定會聳聳肩對你說：「他們沒有法律，隨意殺戮。」我向上帝祈禱，希望我們國家再沒有一個地方會在世界上擁有這樣一個糟糕的名聲。

離開荷蘭之後，我們去了巴黎。如果你能想像到讓紐約、波士頓和芝加哥的時髦與華麗旋風一起刮過某條繁華大道的時候，你也許就能理解，在一個美麗的週日，在巴黎的一條著名林蔭大道上你能看到什麼。流行似乎支配著那個城市的一切，比如說，當我走進一家鞋店準備買一雙鞋的時候，我沒辦法找到一雙足夠大足夠舒適的鞋子。人們溫柔禮貌的告訴我，那裡不流行穿大鞋子。

當我去法國的時候，我總惦記著要去看一下杜桑·盧維杜爾[38]的墓地。但是，一些定居在巴黎的海地人士卻告訴我，杜桑將軍的墓地在法國北方，而且他們還告訴我，將軍的安息之處迄今仍沒有任何紀念碑。似乎一段時間以來，海地人還惦記著要把將軍的遺體移葬回海地，但是迄今為止，此事未能得到重視。在我看來，海地政府和人民該擔負起這個責任，保證這位英雄的長眠之地有個適合的紀念物，無論是在法國還是在海地。說到海地人，巴黎有很多受過良好教育、非常有修養的海地人士。每年都有大量海地人被送到巴黎去學習，而且都能拿到高等獎學金。然而，很遺憾，他們當中有些人沒有好好利用那裡的學院所提供的先進培訓，包括物理科學、農業、機械和家政學的培訓。在進修結束後，他們就要回國，並且協助自己的國家發展農業、開發本土礦產資源。

除非海地擁有一大批受過良好教育的人，能夠幫助國家發展農業、建築道路、興建工廠、鋪築鐵路橋梁，並且因此幫國家省下一大筆如今每年都寄往海外支持他們生活學習的費用，否則，海地是不會發展到其應有的位置的。

在所探訪的所有歐洲城市裡，我們把街上普通百姓的行為

---

38 杜桑·盧維杜爾（Toussaint L’Ouverture，西元 1743 ～ 1803 年），海地歷史上最偉大的人物，海地革命領導者之一。出生於奴隸家庭，受教育後，逐漸投入到奴隸起義中。

與我們美國南方人民的舉止做了比較，可以毫不猶豫的說，在紳士淑女風度方面，我們一點也不相形見絀。即使是在野營集會或南方其他節日的集會上，大批黑人同胞的儀態也與我們在歐洲各大城市見到的普通歐洲人的舉止標準相合。

我強烈反對人們奔向歐洲尤其是巴黎去尋找工作機會，除非你有些頗有權勢的朋友和源源不斷的金錢。我在巴黎的一個星期裡，有三名黑人同胞探訪了我，他們每一個人都在挨餓。他們都是善良、勤奮的人，去那裡不過是想著那裡的生活更輕鬆也更容易找工作。

但事實是，即使在街上遊走數日，他們也找不到工作。他們不通曉當地語言，也不理解當地的人情風俗，這讓他們的生活更加艱難。在其他美國同胞的幫助下，我幫其中一位黑人同胞安排了返回美國的行程，他對我的臨別贈言就是：「在未來，對我而言，美國就夠好了。」

# 第十一篇
# 家庭生活秩序的好處

## 第十一篇　家庭生活秩序的好處

你們當中的大部分人，遲早要邁出校門，要為同胞的家庭生活發揮影響。你們將會對自己的家發揮影響，對父母的家發揮影響，或者對親戚的家發揮影響。無論你去哪裡，都會對一個家產生影響的 —— 或好或壞。因此，這裡的每個學生都該好好思量一下，如何才能為這些家庭帶來最大的快樂。我向你們提出這點，是因為我希望你們意識到：你們當中的每一個人，當邁出校門的時候，就會發揮自己的影響。無論到哪一群居民中，如果你無法為別人帶來好的影響，那你就沒有實現這個學院的辦學目標。

首先，你們應該看清方向，在那些能帶來美好結果的方面發揮影響。在這些方面，讓人們理解到怎樣才是家庭生活的最高境界是很重要的。

很多時候我會發現，尤其是我四處交遊並接觸同胞的時候：許多人都會抱有這樣的想法，只有當他們擁有了很多錢的時候，他們才能有個舒適的家。但是，我探訪過其中一些最快樂最舒適的家，其主人都是些沒有什麼錢的人，完全可以把他們稱作窮人。但是，在這些人的家裡，一切井井有條、方便實用，讓你覺得與待在一個大富人的家裡一樣舒適。

我要直截了當的說，首先，家庭生活中的一切都必須是便捷的。以三餐為例，一個家裡要是騰不出專門的時間來做飯，沒辦法堅持每一次都迅速把飯做好，那樣是不大可能把家照料好的。在有些家庭裡，可能是某一天早上六點就吃早餐了，第二天早上卻要到八點才能吃早餐，到了第三天甚至要到九點才能吃早餐；午餐可能在十二點或者下午一、兩點吃，而晚餐則是在下午五點或者六、七點吃；即使這樣，有時到了用餐時間，家裡仍可能有一半的人不在場。這些情況浪費了大量本可避免浪費的時間和精力，也引起了許多不必要的煩惱。要是人們能明白，有必要把三餐的時間固定下來，並且在大家都在的時候開始用餐，他們就能省下大量的時間，也免去了許多的煩惱。如此一來，一個家就能避免一堆紛擾，還能省下大量的時間，用來看書或者其他有意義的事情，這就是所謂的秩序。因此，不論你的房子多麼廉價，也不管多麼窮困，每一個家庭都有可能組織得井井有條的。我很想知道，有多少主婦能在最黑的夜裡，輕而易舉的就找到屋裡的火柴。這可是考驗一個主婦是否是好主婦的一種方法。要是她沒辦法做到，那可就是浪費時間了。要是你能把火柴保管在一個固定的地方，並且知會家人火柴會一直放在那個地方，那就可以節省大量時間，也免卻了不少麻煩。但是很多時候，你會發現，火柴盒一會放在桌上，一會又出現在角落裡的一個架子上，有時甚至出現在地板上。總之，一會這裡，一會那裡，忽東忽西。

在許多家庭裡，每天都會有五到十分鐘就被這樣浪費掉了——就是由於主婦們的疏忽粗心。

再來說說洗碗布。你該有個專門的地方來放洗碗布，每天都把洗碗布放在那上面。一個不懂得替物品找個固定處所的人，每次要用一樣東西的時候就不得不花上五到十分鐘東找西找一番。他們會問：「強尼或者珍妮，東西在哪裡？上次你用完之後放在哪裡了？」反反覆覆，周而復始。

同樣的道理也適用於掃帚。在一個井井有條的家裡，你是不會看到一把掃帚被倒過來放的。我希望你們每一個人都清楚的知道，如何放置一把掃帚才是正確的。在井井有條的家裡，你會發現掃帚不但不會倒過來放，而且有固定的放置地方，總會放在那裡。要是物品不放在固定的地方，你就不得不去找它們，這時候，你耗去的不僅僅是時間，還有精力 —— 而你本可以把這些寶貴的精力用在其他更有利可圖的地方。大衣、斗篷、帽子……一切一切都該在屋子裡有著屬於自己的天地。

那些能讓物品各歸其位的人就能騰出時間來閱讀、娛樂。你可能會覺得奇怪，為什麼新英格蘭[39]那裡的人能有那麼多時間來閱讀書本雜誌，同時還有足夠的錢寄到這裡支持這所學院，資助大家接受教育。這些人的家裡都是井井有條的，因此他們不用像你我那樣花時間來擔心一些我們本該清楚知道的事情，所以他們就有時間來讓自己保持明智，讓自己與時俱進。

要是我走進一間學生的寄宿公寓，我很少會見到那裡的燈放在恰當位置上。當你走進這樣一間屋子，你往往會發現，屋

39 新英格蘭（New England）位於美國大陸東北角、瀕臨大西洋、毗鄰加拿大的區域。新英格蘭地區包括美國的六個州，由北至南分別為：緬因州、新罕布夏州、佛蒙特州、麻薩諸塞州、羅德島州、康乃狄克州。麻薩諸塞州首府波士頓是該地區的最大城市以及經濟與文化中心。近 400 年前的 17 世紀初，英格蘭的清教徒們為了逃避歐洲的宗教迫害而來到新英格蘭地區時，這片土地上已經有北美的原住民居住。在 18 世紀，新英格蘭是最早表現出從英國統治下獨立意志的英屬北美殖民地之一——儘管新英格蘭地區在後來的英美之間的西元 1812 年戰爭時持反戰態度。19 世紀，新英格蘭在美國的廢奴運動中扮演了重要的角色，成為了美國文學和哲學的發源地、最早組織起免費公共教育的地區。同時，它也是北美最早展現出工業革命成果的地區。

子裡的人不得不花時間去找燈，當他們找到燈的時候，又會發現燈裡的油不夠了；早上有人忘記往裡面注油了，這樣一來，他們又不得不跑去找個燈芯，然後還得找個燈罩；最後，當他們把這一切都找齊的時候，他們還得去找火柴來點燈。

我很想知道，目前這裡的女生，有多少人能在得到數量適中的浴巾、肥皂和火柴之後，替客人安排好住宿，並把客人所需的一切都安排得井井有條，以讓客人感覺舒適？我很擔心，要是真的考驗一下你們，會怎樣？你們真的要在邁出校門之前就學會做這些工作，這無論對自己還是對其他人都是有用的，要是做不到，你就讓我們失望了。

# 第十二篇
# 什麼能帶來回報

## 第十二篇　什麼能帶來回報

我想花上幾分鐘來談談一個老是被人們拿出來討論的話題，年輕人尤其喜歡探討這個話題，那就是：在生活中，什麼能帶來回報？毫無疑問，一個剛剛進入某個行業的人更經常會問這個問題——什麼能帶來回報？採取這樣或者那樣的行動能帶來回報嗎？進入這種或者那種行業能帶來回報嗎？什麼能帶來回報？

讓我們看看，我們能否回答這個問題。這個學校裡的每一個學生都該問問自己：什麼對我最有益處？什麼才能讓我的生命更充實有用？什麼才能帶來最大的快樂？什麼才能帶來最大的回報？

不久之前，幾位牧師發表了一份來自 40 位成功商人的箴言，那些人毫無疑問都被評為商人的典範。牧師們向這些商人提了一個問題：不管在什麼情況下，從事商業活動時不誠實的話，能帶來回報嗎？

不管什麼情況，欺詐或者利用同行，又或者欺騙那些與他們有商業往來的人，會帶來回報嗎？ 40 位商人中的每一位，當即毫不猶豫的回答：任何缺乏誠信和公平的交易行為都不會帶來回報，不管是什麼行業。他們說，那些在和同行交易時不誠實的人是不可能一直「成功」的，更不用說能擁有未來或者秉持正確的價值觀把事情做好。

對一個人來說，除非他能每時每分每秒都無愧於他的良知，否則，他做任何事情都不會帶來回報。今晚，我希望你們向自己提出這個問題：做什麼能帶來回報？

你們很可能會受金錢的誘惑而誤入歧途。當你感覺自己就要屈服於這些誘惑的時候，想一想：這能帶來回報嗎？那些容易受到金錢誘惑的人，甚至有可能會覬覦別人的衣服或者書本。此類人，在勞動上也同樣會不誠實，會偷工減料。

當一個人能誠實的對待別人的錢時，他是能得到回報的。一個人不誠實的取用別人的衣服或者書是沒有好處的，所有這一切都不能為你帶來好處。當你處在一個彷徨的時刻，需要決定是否向種種誘惑屈服的時候，應該問問自己：「我做了這些事情，能得到回報嗎？」記得要常常這樣問自己。在你承諾要為別人做一項工作的時候，你就等於簽訂了一份合約，要為此老老實實的勞動一天 —— 而他就要為你這些實在的勞動給予報酬。要是你沒有老老實實的辦事，沒有遵守合約，這樣的行為不會為你帶來好處。要是你不誠實待人或者不遵守諾言，那你就不會得到任何回報。要是你沒有完成一天的勞動，而是只完成了四分之三或者五分之四，在某些時候看來，你似乎是賺了，但長此以往，你只會失去更多。

我很遺憾的說，在這裡，有時也會有些學生表現得不誠實。這些學生會找到帕爾默（Palmer）先生或我，說他們想回家。當問及為何想回家時，有些人就會說是因為他們病了。然而，當和他們多談幾分鐘之後，他們就會說，他們不喜歡這裡的飯菜，或者有些事情讓他們的父母失望了。我遇到過一些學生，某些情況下，在一、兩分鐘的交談中，能給出一堆的藉口。

對於一個想回家的學生來說，他們該做的正確事情就是說出真正的理由，然後堅持這個理由，那些能這樣做的學生才能在社會上獲得成功，那些不能坦誠相對的學生會發現，他們做任何事都不夠堅強，他們沒有成為他們該成為的人。總有一天，此類行為會讓他們沉淪，而不是高飛。

在某個時期，我記得應該是在西元 1857 年，美國尤其是紐約市，陷入了重大的金融恐慌之中。這個國家裡大多數重要銀行都關閉了，還有其他一些銀行則隨時都有關閉的危險。我記得一個故事，是關於當時一位銀行主管的，他的名字是威廉．泰勒（William Taylor）。那時候，紐約市所有銀行的主管每晚都會聚集在一起開會以了解各個銀行維繫償付能力的情況。

在大恐慌中某個最考驗人的重要日子結束後，他們又一次召開了此類會議，會上有人說，他們當天又出現損失了；另外一些人則說，他們的銀行在當天有大量的錢被提領走，要是第二天再來一次，他們就不知道如何熬過這次危機；威廉．泰勒則說，在那天，他的銀行存款數額增加了，而不是因為有人提款而減少了。

這究竟是怎麼回事呢？威廉．泰勒從他的早年經歷中明白了為人不誠實沒有好處，而誠實對待所有的存款人以及所有與他的銀行有業務往來的人都是有益的。於是，當這個國家各處的其他銀行正在搖搖欲墜的時候，他的品格表現、對誠信交易的重視，讓那些從其他銀行裡提出來的錢流入了他們的銀行。

品格就是力量。如果你想成為一個強而有力的人，一個堅強、有影響力、有用的人，良好的品格就是實現這一切的最好途徑。但是，如果你屈服於上面我所提到的各種誘惑，你就沒辦法擁有良好的品格。

曾經有人問過，是什麼讓已故的約翰．霍爾[40]博士所做的布道充滿了力量。從普通的角度看來，他不是那種特別雄辯有力的演說者，但是他說的每一樣事情都令人無比信服。原因就是，這個人的品格成就了這些布道訓誡。以後你們也可以做些出色的演說，你們也可以寫書或者撰寫偉大的文學作品，但是，除非這一切的背後有你的品格在支持，否則，一切都毫無意義，終將隨風消逝。

我要把這個問題留給你。每當你企圖做一些事情，而你的良心告訴你那些是不對的事情時，問問你自己：「我明知這是不對的還要去做，能帶來回報嗎？」你們可以去監獄裡看看，問一問那些失足、犯錯的人，問問他們為什麼會在那裡，基本上每個人都會告訴你，那是因為他們屈服於誘惑了，他們沒有問自己：「這有好處嗎？」

去問問那些不關心生活的人，拋棄了美德的人，如果可以的話，問問他們，為什麼他們沒有那些品格，他們會回答你：他們在追求暫時的成功。為了找到「成功」的捷徑，為了擁有得到金錢的滿足感，他們向各種誘惑卑躬屈膝。

我們希望看到，每一個從這裡出去的學生，其身上都有一種無論何時都可以依賴的品格。這樣的學生才是我們希望貢獻給社會的。每當你踏在那些有可能令人一失足成千古恨的路口時，你要一次又一次的問自己：「這會為我帶來回報嗎？這會在將來為我帶來回報嗎？」

---

40 約翰．霍爾（John Hall，西元 1829 ～ 1898 年），美國紐約第五大道長老會教堂牧師、教育家。

# 第十三篇
# 真正的教育

以尋常角度來看，在過去的 10 天裡，你們在課本學習上所花的有條不紊的努力實在不多；我想我這樣說是沒有錯的。當某些干擾出現（一如我們剛剛所經歷的那樣）使你不得不把心思從日常的工作和學習中移開，沒辦法為日常的課程做預習的時候，很多人的第一反應就是，這時間浪費了——起碼與那些尋常教育相關的時間就這樣被浪費了，生命中本應用來接受教育的時間有一大部分被占用了。我想，在過去的幾天當中，你們當中的很多人都會想這個問題：「我們從這個特殊事件中得到了什麼收穫？過去這週發生在校園裡不尋常的事能讓我們有什麼裨益，足以彌補我們落下的課本學習？」

在我看來，我不認為你們會因此次短暫的學習中斷而損失什麼；相反，我相信你們從中獲得了最好的教育。

我不是要說，我們此後就可以一直依靠此類事件來展開系統的心靈教育，但從實際教育以及智力身心的發展來看，我不認為，有任何一個學生會因為上週發生的不尋常事件[41]而有所損失。

你們其實在以下方面獲得裨益：為了款待美國總統及其全體內閣成員，還有那些卓著的陪同人員，你們就必須有些獨特的想法，對你們而言，這也許是你們此前生活中從未有機會去做的事情。你們不得不思考，不得不傾注全身心的精力於你所做的事情中。要是沒有被迫去想獨特的主意、全力執行，你們就沒辦法做出那樣突出的工作展覽。你們當中的絕大多數之前

---

41 這次演講的不久前，麥金利（McKinley）總統於西元 1898 年秋天參觀了塔斯基吉學院。

從來沒有參觀過這樣的展覽，我也從來沒有。你們為了搭建出一部能展示我們的耕作成果以及我們的機械、學術成果的花車，在設計時花了不少的心思，傾注了很多新穎的想法，使得這花車能最大限度展示我們的成果。

而你們當中三分之二的人，或者更實際點說，全部人，之前從來都沒有見過這樣的東西。因此，這花車就不得不由你們來思考設計，由你們來訂立製造計畫，再由你們來打造。

好了，現在把這樣的教育方式和那些在我們教育中占了很大比重的教育方式做個對比吧，那些教育只要你背誦某些規則或者某些由別人在千年之前就想出來、做出來的東西。從尋常的角度來看，所謂教育，就是讓人純粹去背誦記憶某些在我們之前已有人知悉的東西。而過去的 10 天裡，我們就不得不解決自己的問題，而不是由別人特地為我們設計出來的難題。我不認為，在這所學校裡，和 10 天、12 天前相比，會有人的心靈沒有出現改變、沒有變得更堅定，在需要動手或者動腦的各個方面，沒有變得更自信、更自立。這就是我們所有人都得到的裨益。它讓我們去思考、計劃，讓我們接觸非凡的事物，沒有其他類型的教育可以超越此種教育。每一年我都越發覺得，未來的學習將更多是研究人和事物，而不僅僅是埋頭於對書本的研究中。

隨著時間流逝，你們就會越來越發現，人們會逐漸放下書本，轉而以一種前所未有的方式去研究人的本性。因此我要告訴你，在這次活動中，你們沒有失去任何東西，你們有很大收穫：你們的心靈甦醒了，技能加強了，雙手也更靈巧了。

## 第十三篇　真正的教育

我不想自負的說這事，但這是事實，我曾聽很多來自別的地方的人說，和我們學校的學生碰面是一件令人愉快的事，因為當他們和這裡的學生見面時，發現這些學生不是睡眼惺忪或者呆板的。他們說，一個來自我們學校的學生，是一個對實際生活有認知的人。因此，當你們逐漸長大，你們就會越來越了解到，在過去幾天裡所接受的教育，將會令你們終生受益。

相應的，就如我們在過去幾天所做的那樣，只要我們學會了如何把事情執行好，把所受的教育轉變成實在可見的東西，那我們接下來也會發現我們個人以及我們這個種族的價值。那些來我們學校參觀訪問的人完全明白，我們可以好好背誦成行的詩篇，也可以解決代數和幾何的問題；他們還知道，我們可以學會某些化學和農業規律；但最令他們感興趣的，是看到我們把所受的教育轉化成實在的東西。因此，一個人他只要相應的做到了上述幾點，他對這個世界就是有價值的 —— 這就是我們在這裡努力的目標。我們希望所培養出來的學生，可以讓一些社會希望得以實現、世界需要實現的事情最終成真。只要能符合這個社會的要求，你就會發現，你必然能有一個立足之地。而我們這所學校，正是透過提供各種培訓，好讓你能有屬於自己的立足之地。我們要好好培訓你，於是當你有所不成時，那就不是我們的過錯了。

能和一群有實踐能力的男女結識是一件幸事 —— 他們不只是空談理論，而是真的能做些事情讓我們所居住的世界更美好，能讓生活更舒適、更便利。過去的一週裡，我找到了這方面的榜樣。我的辦公室需要做些維修，這需要電工方面的實際知識，於是我找來了一位教師幫忙，他細膩的工作令人讚賞，令我感到很滿意。能夠向大家講解電力知識固然很好，但是，能夠像他那樣把這些知識運用起來做些有意義的事情就更加好了。

因此，隨著你不斷前進，你一定要提升自己做實事的能力。你會發現，那些在今天非常困擾你的問題會變得越來越容易解決。其中一位在幾天前參觀了學校的內閣成員曾說，在看過你們在這裡布置的展覽之後，我們國家在最近幾次戰爭中所占領的島嶼很快就需要我們學校培養出的每一個學生前去開墾。接下來，不但在我們國家是這樣，在其他國家也是這樣，那些能做實事的人將越來越受歡迎。

因此，我們這個種族，只要能贏取我在幾天之前和你們提及過的聲譽，就一定能找到發揮的空間。無論是什麼膚色，遇到了怎樣的情況，世界都會對那些能做得和別人一樣好甚至做得比別人更好的人給予信任和報酬。問題就在於：我們已經能做得和別人一樣好甚至比他們更好了嗎？只要我們做到了，你就會發現，陽光普照之下，沒有什麼能阻止我們前進。

# 第十四篇
# 做個可靠的人很重要

## 第十四篇　做個可靠的人很重要

最近，我去了一趟北卡羅萊納州和南卡羅萊納州，在旅程中，有時我會發現，我們的同胞容易有某種傾向，今晚，我就要和你們談談這個問題。

我發現，有些人已經僱請或者將要僱請我們的同胞，而他們大都會有這樣一個印象：我們作為一個種族，缺乏穩定性——缺乏作為勞動者的穩定性。你們可能會說，才不是這樣呢，然後會列舉出一堆的例子來證明，在這個方面，我們不是不可靠的人。然而，是也好，不是也好，最終的結果還是一樣的，這種印象會妨礙我們尋找工作時付出的種種努力。

幾乎毫無例外的，在和我交談過的所有人中——那些僱請了我們同胞的人，那些曾經僱請過我們同胞的人以及那些正在考慮的人——在很大程度上，他們都會覺得，在工作方面，我們不可依賴、不穩定、不可靠。當然，上面提到的都是那些主要靠按日結算的工作——我們稱之為「短工」的工作——來糊口的同胞。和我交談過的那些人，都向我舉了些例子來描述這種傾向。首先，他們統統都會提到，要是工廠裡請了黑人工人，這些工人會認真努力的工作好幾天，比如說，一直到週六晚上，然後他們就領到了那一週的薪水；可是呢，接下來不能指望他們會在週一準時出現。

他們個個都會提到這點，無一例外。他們都會說，黑人工人們在領到薪水之前都會非常認真的工作，讓雇主非常滿意。可是，一旦他們領到了那一點點薪水，足以讓他們飽食兩、三個星期，他們就不會繼續做那份工作了，或者索性自行曠工，直到有人加入工廠取代他們的位置。我可是不只一次聽到此類批評了。

人們還會向我提到，我們的同胞自由散漫，喜歡遊玩。他們說，要是黑人有機會去威爾明頓[42]或者格林斯波羅[43]或者查爾斯頓[44]旅行，而手頭上又有點錢的話，你就別指望他們會繼續工作了，他們會去旅行的。我們的同胞會說，他們必須要去這裡或者那裡旅行，沒什麼可以阻止他們。於是，為數不少的人就是由於這種散漫，丟了工作虧了錢。

人們向我提到的另外一件事情就是週日的晚餐。我們的同胞喜歡讓自己餓上整個星期，然後到了週日，把所有的鄰居都請來，把他們在一個星期中所賺下來的食物統統吃光。我們的同胞會把自己在一個星期中所賺到的錢在週日晚上拿到市場去花掉，然後邀請其親朋好友和鄰居到自己家裡，辦一個盛大的週日晚會。於是，到了週一早上，同胞們因為暴飲暴食而身體不適，工作狀態很差。人們抱怨說我們不可靠，這也是引起此類抱怨的其中一個原因。

人們還有其他抱怨，包括說我們缺乏恆心，無心穩定下來

---

42 威爾明頓（Wilmington），美國北卡羅萊納州的一座臨大西洋的濱海城市，新漢諾威郡郡治所在，為北卡羅萊納州的第 8 大城市。該城以喬治二世在位期間擔任英國首相的威爾明頓伯爵史賓塞．康普頓（Spencer Compton）的名字命名。

43 格林斯波羅（Greensboro），美國北卡羅萊納州吉爾福德郡的一座城市。

44 查爾斯頓（Charleston），位於美國南卡羅萊納州伯克利郡和查爾斯頓郡的一座城市，也是查爾斯頓郡的郡治所在。查爾斯頓始建於西元 1670 年，到西元 1800 年，它成為當時僅次於費城、紐約、波士頓、魁北克的北美第五大城市。

也無心去銀行存錢，亦不願意從底層做起逐步升上高層。你們很容易就能想像到諸如此類的糟糕名聲所能帶來的後果。在很多地方，當我們的同胞找工作時，此類後果已經顯現。其中一個後果就是，人們普遍不信任我們這個種族適合工業職位；另外一個後果就是，人們不會請一些他們認為不可靠的人來填補需要擔負重大責任的職位空缺。雇主們是不敢請那些突然之間就要去旅行的人來擔任重要職位的。

還有一種後果，就是金錢的損失。你會發現，我們很多同胞，在很大程度上僅僅就是因為這種不穩定、不可靠的名聲而陷入貧困。無論到哪裡，我們的同胞都沒辦法得到一些固定報酬的工作，很多時候都是因為我在前面提到的種種行徑。長此以往，工作機會就會慢慢的溜走，溜到其他各族人的手裡。這不難明白吧？那些本週替東家打工，下週替西家賣力，然後再過一週無工可開的人，沒有固定的職業，又怎麼可能有錢存到銀行裡呢？又怎麼可能積下家業呢？又怎麼可能作為一個可靠、富足的公民定居下來呢？

好了，既然如此，我們該如何做出改變呢？要是不能依靠你們——你們這些在這所學校接受教育的年輕男女——來改變這種情況，我就看不到未來有任何希望了。很大程度上，我們需要你們在各個方面改變同胞們的品性，要讓同胞們都感覺到，我們應該和其他任何種族一樣可靠、盡責。但是，要做到這樣的話，就需要你學會在各個方面控制好自己。有些年輕人來到這裡，某一時段裡會想從事這種或者那種工作，然後，他們感到厭倦，就想換成別的工作；有些人呢，來的時候滿懷決心要做好工作，可是，當某些不太愉快的事情發生後，他們就想走了，想轉到別的學校，或者想回家了。你們要明白，要是我們在這所學校裡也暴露出同樣的弱點，那我們又如何成為同胞們的領袖和榜樣呢？你們每一個人，都該學會管好自己，並且要下定決心，無論你想成為怎樣的人，你都要讓自己成為那樣的人；你們每分每秒都應該不懈努力、不斷前進，直到你實現了你來這裡時所秉持的目標。

這樣的人，才是這個世界所需要的人才。我們希望送這樣的人才前往北卡羅萊納州、南卡羅萊納州、喬治亞州、密西西比州以及我們自己的阿拉巴馬州，為成千上萬的同胞帶來這樣一個信念 —— 我們可以在上述提到的各個方面管好自己，無論在哪一個工業領域，我們都可以成為穩重、可靠的人。當我談及這些問題的時候，我是很坦率的，因為我相信，這些是我們整個種族都該注意的問題。要是一個種族只能游離於工業世界之外，一會東家一會西家的填補別人留下來的空缺，那麼這個種族是無法繁榮興盛、無法強大起來的。雖然這聽起來有點囉唆，但我還是要說，我們要好好留意這個問題，在工作方面，我們應該變得更可靠、更值得信賴。當你們回家的時候、去教堂做禮拜的時候、和家人同學在一起的時候，你們要持之以恆的宣揚這樣一種理念：我們必須要變得穩重、可靠，必須要在自己的職位上成為值得別人信賴的人。

我很遺憾的說，年輕人之間聊天的時候，往往會忽略這些內容。你們總是喜歡談論火星和木星、月亮和太陽、地球表面以及內裡；或者，除了和我們的實際生活息息相關的事情之外，其餘一切都會談論到。要是我們沒辦法讓你們下定決心走出校園去改變大眾的情操，那我們這個種族的未來就不甚光明了。

但我對你們有信心，我相信，你們會在各個方面以高標準來要求自己，只要你們能在這所學校裡逗留兩、三年或四、五年，你們當中有一部分人能在上述各個方面控制好自己，並讓自己成為榜樣 —— 我們所期待的榜樣，那些在將來接受你教導的人所能仰望之榜樣。要是你們做到了，就能發現，不出幾年，在我所提到的各個方面，事情會向好的方面轉變。由於這些轉變，我們作為一個種族，會在各個重要的方向上變得更堅定、強壯。

# 第十五篇
# 最崇高的教育

## 第十五篇　最崇高的教育

可能在你們看來，我一直都在喋喋不休的談論教育——正確的教育、如何接受教育等等，諸如此類的相關話題——但是，還有什麼話題會比這個話題更適合我們討論呢？畢竟，你們來到這裡的目的就是要接受教育，你們肯定希望接受盡可能好的教育。

因此，我很肯定，當我總是對你們談及教育或者與教育相關的話題時，你們是能夠理解我的——因為我是如此迫切的希望，當你們從這裡走出去、進入社會的時候，你們能對教育有個明白無誤的概念，能明白教育意味著要實現些什麼，一個人又該期待透過教育獲得什麼。

我們很容易會想當然的認為，教育就意味著記住一堆的日期，或者在辯論時能夠清晰表達自己，又或者能準確的描述不同的事件。我們很可能會有這樣的印象：教育存在於以下能力當中——記住許多語法規則、算術規則的能力，準確的指出地球表面某山某水的位置以及叫出某湖某灣的名字的能力。

我現在不是要否認此類教育培訓的價值，但是在這一切之上，教育是要給我們一個更堅強、更有條理的成熟心靈。我不希望讓你們留下這樣一個印象，讓你們覺得我低估了或者忽略了發展心智的重要性。在這個世界上，如果有人比別的人更值得憐憫，那他必定是個心智不成熟的衝動魯莽之人。在世界各處，你都可以見到一些這樣的人——他們全心全意的想要做些什麼來讓別人變得更好，或者讓別人變得更快樂，但他們犯了些可悲的錯誤，完全沒有好好的培育自己的心智來為自己的願望服務。所以，我們需要發展、強化心智。

我常常對你們說，教育能為一個人帶來的最大好處就是能教會這個人秉持自己的理想，而不是教會他如何死記硬背一堆史實或者一堆地理名詞。我希望，你們能感受到，你們在這裡學會了「有條不紊」—— 我的意思是，你的頭腦思路清晰，當你有需求的時候，你可以順利的查找到某些歷史事件的日期或者某些地方的名字。我希望，透過我們給你的教育，你能構想出適用於你自己的語法或算術規則。這才是最崇高的教育。

但是，這些教育還不是教育的終極。那麼，當我們說「教育」時到底意味著什麼呢？要我說，我會說，「教育」意味著讓我們明白何為「真實」。無論我們從課本中學到了什麼，無論我們從某種學說中學到了什麼，也不管我們從這樣那樣的來源中領會到了什麼，要是我們最終還是不明白何為「真實」，那我們就不算是接受過教育。我不關心你記住了多少史實、代數、文學；也不關心你從你所有的課本中學到了些什麼；我只關心，要是你不能明白何為「真實」，你就沒有達成你接受教育的目的。除非你能徹底明白何為「真實」並因此不會在任何事情上弄虛作假，否則，你的教育就是失敗的。

教育，是要讓我們公正的對待同胞。一個能夠盡其所能公正的對待別人的人才算是一個受過良好教育的人。教育就是要讓我們變得更好，讓我們成為考慮周到的人，讓我們心胸廣闊，讓我們不會因為某個人所屬的種族而決定去幫助他，也不會因為他不屬於某個種族而決定去妨害他。

最真實也最寬廣的教育是會讓人們不計較別人的種族、膚色以及其他條件而真誠的去幫助別人的。你會發現，真正受過良好教育的人，都是些仁慈的人，會以最溫和的方式來對待那些不幸的人、最被人輕視的民族或者個人；受過良好教育的人，對那些不那麼幸運的人會很體貼。我希望，當你們離開這裡邁出校門的時候，當你們遇到那些身心受到貧困折磨的人，或者那些在某個方面遭遇不幸的人，你們會以盡量仁慈、體貼的方式來對待他們，這才是展現你們受過良好教育的方式。這也是考驗一個人是否真的接受過教育的方式。

有時，你會遇見一些無知的人，他們自以為受過良好教育，可是當他們走在街上遇到一些行動不便、腿有殘疾的人，或是一些在身體上、智力上、表達能力上有缺陷的人，他們就會嘲笑這些人甚至戲弄這些人。但是那些真正受過良好教育的人，真正有教養的人，他們對待任何人都是溫和而富有同情心的。

還有，教育就是要讓我們真誠對待我們的同胞。我不在乎能做多少的算術，也不在乎能指出多少座城市，要是我們不能真誠的對待別人，這一切都是毫無意義的。

教育還意味著要透過滿足別人來獲得滿足感，意味著我們要透過服務別人獲得快樂。除非我們能到達這樣的境界，能因為幫助他人而獲得最大的快樂和滿足，否則我們都不算是接受過真正的教育。教育還意味著讓我們變得慷慨。說到這一點，我非常希望，當你們離開這裡的時候，能學會對所有的慈善事業慷慨解囊，無論是解囊支持你的教會或者週末學校，還是醫院或者窮人。

例如，我希望，你們當中的大部分人，或者更實際點說，我希望你們當中的所有人，能夠養成每年對我們學校做些捐贈的習慣。即使你只能拿出 25 美分或者 50 美分或者 1 美元，我也希望你們明白，這事關一件事情 —— 那就是你們沒有忘記每年向這所學校捐贈點東西。我們希望那些向我們提供了很多支持、對我們慷慨解囊的朋友們能夠看到 —— 我們是多麼關心這所給予了我們如此之多的學校，我們會傾盡所有來支持它。尤其是各位高年級的同學，我希望你們能記住這一點。我很高興的告訴你們，有很多從這裡出去的畢業生都會向學校捐助，即使每一筆的金額都不大；而且有位畢業生，在過去的 8 到 10 年間，每年都向學校寄來 10 美元。我希望，現在就在我面前的高年級生，以後你們也能做同樣的事情。

還有，教育意味著我們要學會重視自然界裡的美好事物。要是一個人無法走進溼地和樹叢中去欣賞圍繞在他身邊的花草樹木的美態，簡言之，無法從上帝創造的任何事物中發現美好而令人振奮、給人啟迪的東西，那他就從不算是受過良好的教育。教育不但意味著讓我們看到上帝賦予的事物的優美之處，還意味著我們要學會自己創造優美的事物。我希望，你們當中的每個人在畢業後，都能讓自己的家裡充滿優美、鼓舞人心、給予人靈感的事物。我可不認為一個住在邋遢低劣的棚屋中的人是一個受過良好教育的人。我認為，除非一個人想住在一間整潔的、有圖畫也有書本的房子裡，才會花心思讓房子的環境變得令人愉悅，否則，他還不算是個受過良好教育的人。

總而言之，教育就是要讓我們擁有上述那樣的文化、優雅和品味，能真誠的對待我們的同胞，學會欣賞上帝創造的美麗、令人振奮、啟迪眾生的事物。我希望你們牢牢記住，你們的課本不管有多少內容，都不是教育這個旅途的終點，那只是通向終點的一個方式。這種方式是為了幫助我們獲得生活中最崇高、最好、最純粹的，也是最美妙的東西。

# 第十六篇
# 「處女地」上的機遇

## 第十六篇　「處女地」上的機遇

今晚，我要和你們談的幾樣事情可能會讓你們當中的大多數人感覺不太愜意或者不太歡欣鼓舞，但我相信，你們會認同，它們都是些無法否認的事實。

首先，我們必須了解到，我們這個種族，在很大程度上有著和白人很不同的境況，而我們的能力也在很大程度上不同於白人。我知道我們都喜歡反著說，沒錯，當我們做出相反的斷言時，會讓我們的文章、雄辯看起來更加動人，還會讓我們的評論顯得相當出眾。這對新聞報導也許會有好處，但是，當我們腳踏實地看看嚴酷的事實時，就不得不承認，我們的境況和能力，的確和那些每日都會接觸到的大部分白人很不一樣。

當然，這聽起來一點都不動聽。但是，如果要說我們和白人是平等相同的，等於在說奴隸制沒有對我們帶來任何不利。

這就是內在的邏輯。打個比方，假設把一個人關在一棟烏煙瘴氣的房子裡，不讓他施展自己的才能，也不許他動腦思考，然後，過一段時間，再把他放出來，放到一個一直都保持身心健康的人身邊，這樣的兩個人所處的境況是相同的嗎？他們的能力相同嗎？一隻出生才一週的小動物，即使牠繼承了母親的所有特質，牠會和牠的母親一樣強壯嗎？隨著時間的推移，當牠健康地發育起來了，會變得和母親一樣強壯的，但是說牠現在就和母親一樣強壯是毫無道理的。同樣，我們只能說，假以時日，當我們逐步發展成熟，我們的境況和能力就會變得和其他種族一樣了。

鑒於這個事實，既然我們這個種族的能力與人不同，而我們不得不面對的境況也與人不同，因此，在教育方面，有必要找一些合適的方式來展開我們的教育，它們不同於其他種族的教育方法。這些方式必須是適合我們的。

在我看來，我們未來幾代人最需要的教育，就是幫助我們有效的駕馭大自然力量的教育。我所指的就是通常所說的對食物、衣服、房屋的供應，以及為未來的儲備。

不要以為我這樣說是因為我不相信每一個人都可以得到他能得到的教育，我是相信的。但是，由於在未來數年裡，肯定不大可能讓我們所有的年輕人都接受一切可能的教育，或者一切他們想接受的教育。因此我相信，該先把精力投入到接受此類實用的培訓中，這樣他們才能做好準備，滿足自己最迫切的需求。

比如說在蘇格蘭，那裡的人民在許多年前就已經能接受高等教育了，而且那裡的文明程度也很高，因此，那裡的年輕人把時間和精力用來學習形而上的哲學和實用法學，或者花在其他專業的學習上，這並無任何不妥之處。當然，我不是說我們在短期之內都不需要形而上的哲學家、律師以及其他專業人士；我只是說，我們當中絕大部分人努力的方向應該是保證我們能獲得日常生活的必需品。

很多時候，當你和人們談及從事實業工作時，他似乎會立刻覺得你反對讓他接受智力教育，只是讓他去工作。其實，任何一個熟悉工業教育的人都會明白，那種教育恰恰是教會一個人如何可以不用工作的 —— 教會他如何驅動水流、大風、蒸汽以及一切自然力量來為他服務，那才是工業教育的精髓所在。

讓我們舉個例子。昨天，我去乳品加工廠，然後對如何把乳酪提煉出來相當感興趣 —— 現在唯一需要出力的工序，就是去轉動那個手柄，整個設備的構造都是為了用盡各種自然力量。好了，現在對比一下製造奶油的兩種新舊過程吧。以前，你不得不花一段漫長的時間做苦差才能讓乳酪從牛奶中分離出來，然後，又要花費好大的工夫來讓乳酪變成奶油。而且，在攪拌了三、四個小時之後，你也只得到了很小一塊奶油。可現在，當我們說讓你接受工業教育的時候，意味著讓你在這些工作上動起腦筋。如果你的工作是要製造奶油的話，那可以讓你只需站在一部機器旁邊搖動手柄就能造出奶油了。

如果你在學習化學，你一定要竭盡全力學會課程中所有的內容，然後，再去其他地方的高等學府繼續學習，盡可能的精通這門科學。當你學成之後，不要坐等外面世界主動前來讚美你有多麼精通化學，你要是這麼想，就一定會失望的。要是你希望好好利用自己的化學知識，那就回到南方，想辦法讓貧瘠的土地變得肥沃，而對那些生產出劣質奶油的農民，你要教會他們做出優質的奶油。當你這樣施展你的才華，應用好你的化學知識時，你會發現，其他人自然會湧來讚美你。

在過去的 30 年裡，我們這個種族曾讓一些黃金機會從我們身邊悄悄溜走，在某種程度上，這恐怕就是由於我們沒有坦率的就我今晚在前面提到的各種問題做出交流而造成的。要是你有機會親自去北方任何一個大城市看看，就會明白我剛才所說的是什麼意思。我還記得，幾年前，當我第一次去北方的時候，黑人開的理髮店並不是那麼難得一見的，我知道，開理髮店的黑人很賺錢。可是，今天你在紐約或者波士頓，都很難看到由黑人開設的一流理髮店了。那個機會溜走了，因為有些地方出了問題。我們可以到再近一點的地方去看看，看看蒙哥馬利、孟菲斯、紐奧良，你會發現，那些理髮店正在逐漸從黑人同胞手中溜走，他們又回到了那些黑漆漆的小街小巷中。這些大好的機會之所以會溜走，很大程度上就是由於我們沒學會去展現勞動的高貴尊榮。黑人同胞將一把髒兮兮的小椅子和一對剃刀放到一個邋遢的小洞裡，就算是個理髮店了；白人卻在主流大街上開店，或者在某些時髦的飯店裡開店，店裡鋪著地毯、掛著漂亮的鏡子，還擺設有其他令人心動的家具，讓一切看起來如此豪華，還把這地方稱作「髮型師工作室」。然後，店主就可以坐在桌子旁邊負責收錢了。這樣，他就把我們口中的「苦差」變成了一門賺錢的生意。

還有另外一個例子。你們應該還記得，僅僅是幾年前，其中一個大量黑人同胞所從事的比較賺錢的職業就是刷石灰。在波士頓、費城或者華盛頓，常常都可以見到黑人們手拿一個石灰桶，還有一根長竿，去別人的家裡刷石灰。可是，今天你再去北方看看，你就很難看到還有黑人在做這個工作了。白人們明白，他們可以把那變成一項體面的工作，所以他們就開始在學校裡學習相關的技能。他們學習了化學知識，因此他們明白如何將所需的原料混合在一起；他們也學習了裝飾和壁畫技能，所以現在，他們稱自己為「家飾工人」。如此一來，黑人丟了這工作，也許再也拿不回來了，因為那些白人提升了這份工作，讓它變得更有技術水準。你覺得還會有人讓一個拿著長竿和石灰桶的老傢伙進他們的房子嗎？

然後還有廚師這工作。你們知道，在南方我們依然掌握著大多數的烹飪工作。無論在哪裡，只要需要有人煮食，就會由黑人來做。但是，即使我們在這個行業裡擁有堪稱壟斷的地位，這些工作機會也正從我們手上溜走。人們不喜歡總是吃煎肉，或者那些純粹只用水和鹽做成的麵包。

他們對此類食物都厭倦了，希望有人用心動腦為他們煮食。為了滿足人們這種需求，白人把一項原本是僕人專職負責的工作變成了一項專業。他們去學校學習如何提升這個職業，從北方那裡幾乎沒有黑人廚師的情況來看，白人們已經學會了怎麼做。即使是在南方，黑人廚師也在逐漸減少，除非他們能提升自己，否則，最終他們全部都會消失。他們已經在北方消失了，這完全是因為他們跟不上時代的步伐，沒有學會最新最好的烹飪方法去滿足人們的需求，更是因為他們完全沒有意識到，世界正在朝著更加文明的方向大踏步的向前發展。幾天之前，我在芝加哥，在一家時髦的餐館裡，注意到一位儀表出眾、衣著入時的男士，看起來就是店主，於是我問他是誰，他告訴我他是個「廚師」，人們叫他「大廚」。沒錯，看到這樣一位衣著入時並且充滿文化氣息的男士出任餐館主廚讓我很驚訝，但令我印象更加深刻的是，烹飪已經轉變為一種高尚的職業了。

還有另外一個機會正在溜走，可當我們提到這事情的時候可能會發笑，儘管這其實沒什麼好笑的。要是我們也能像白人那樣想辦法提升這個工作的地位，就會意識到這畢竟是個機會，我所說的機會就是擦鞋業。當然了，南方大部分的擦鞋工作還是由我們的黑人同胞來做的，因為這裡的競爭不像北方那麼激烈。可是在南方大部分的城鎮，要是你想擦一擦鞋子，就必須等待，直到你見到一個肩上扛著箱子的男孩。而當他開始替你擦鞋的時候，你會看到他用的是一個已經很破舊的鞋刷；更糟糕的是，有時他還會用上一個硬毛刷；而且，要是你不緊緊盯著他的話，很有可能他會用擦爐粉來替你擦鞋。可是，如果你到北方的某個城市去看看，你就會發現，像這樣的男孩，去到北方那裡根本無法謀生。那裡的白人男孩甚至男士開起了擦鞋店，替店裡鋪上地毯、掛上鏡子和畫，還擺上舒適的椅子，有時他們用的甚至是電動的刷子。

他們總是備有最新的報紙，讓顧客在享受他們服務的同時還可以看報紙，就憑這門生意富裕起來了。擁有和經營這樣店鋪的人不再叫「擦鞋匠」，他被稱為「擦鞋中心」的店主。然後，這樣的機會就從我們手中溜走不再回來了。現在有不少黑人懂得電力學，可是，那些懂得將電力知識應用到擦鞋店鋪裡的黑人又在哪裡呢？

在南方，人們生病的時候通常會去找個老護士來照顧。我們黑人在看護這個行業裡壟斷了好多年。不久前，人們普遍認為，只有那些上了年紀的黑人老婆婆才懂得如何去看護病人，可是現在這個觀念已經日漸淡薄。在北方，當一個人生病的時候，他只會去請一個專業的護士回來而不是其他任何人，這些護士通常都在一些護士培訓學校裡獲得了文憑，或者在一些聲譽良好的機構中獲得了某些資格認證。

# 第十六篇　「處女地」上的機遇

我很希望，從我上面所講的種種小事情中，你們能明白我要說的是什麼：它們都明明白白的說著，如果想跟上文明發展的步伐，那麼我們不但要關心生活中那些更大更重要的事，還要關心諸如此類的瑣碎小事。它們證明，我們必須在自己所做的事情上用心。假若教育有任何意義，那它就意味著在日常生活瑣事中用心並且讓其有成果。而這也是我們這所學校透過種種努力嘗試告訴全世界的道理。

其實，我們有很多機會可以善用我們的教育。你很少會看到一個懂得如何建造房屋、懂得起草計畫、懂得如何測試物料強度看其是否可以用於建造一間一流房屋的人變得無所事事。你有看過這樣的人失業嗎？你有看過這樣的人寫上許許多多的信去求職嗎？全世界都需要那些能把自己工作做好的人，需要那些不但懂得如何準備和製作食物而且懂得如何做出美食的人——我說的可不僅僅是僕人的煮食工作。即使是這一行，也有很多的機會存在。幾天之前，我遇見了一位女士，她曾花了幾年的時間在這個國家以及歐洲仔細學習「糧食經濟學」。從她那裡我了解到，那些教授如何準備和製作食物的機構、學院一直都很需要她這樣的人，她會在每個學院花上幾個月時間進行教學。每個地方都需要她，因為她把自己所接受的教育應用到了最為重要的日常生活必需事務中。

然後你會發現，正是這樣的人，他們總能利用好各種機會，總是為了精通某樣他們嘗試去做的事情而永不停歇，他們一直都受人歡迎，簡直堪稱「供不應求」。記住了，你一定要保證自己擁有一樣可以謀生的技能。然後，你不但要能自立，還必須要讓自己有能力幫助自己的同胞。

今晚我花了這麼多的時間如此詳細的討論了這個話題，那是因為我相信，這些都是我們未來成功的基石。我們常常聽說某某人士有著良好的品德；一個人要是沒辦法在一年 365 天中都有衣服穿、有東西吃，那他是無法有良好品德的，他也不可能會有信仰。很多時候，你可以發現，很多罪行的根源都是在於那些罪人的日常生活需求沒有得到滿足。

一個人，肯定要在獲得一定的舒適和便利、在其基本生活需求得到滿足之後，才能成為一個有信仰、品德良好的人。

# 第十七篇
# 信守諾言

我並不想老是和你們講一些顯露我們這個種族各種弱點的話題，但是，確實有些品格上的弱點會對我們的生活造成重大影響。因此，我覺得很有必要把那些在當前尤其突出的弱點拿出來說說。

幾個星期以前，我提到了兩、三個親自觀察得來的例子，說的就是有些同胞不夠可靠的。現在，我又要再加上一、兩個例子了。

曾經有三次，因為我要出門遠行，所以我就不得不和一些馬車夫約好，讓他們一大早來接我，好讓我能坐上早班火車，可是三次之中，沒有一個馬車夫是守信守時的。第一個馬車夫讓我徹底失望 —— 他根本就沒出現！因此，我不得不自己步行去火車站，走了大約一英里。第二個本來應該在 6 點出現的，結果他到了 6:30 分才出發，那個時候，我已經開始步行了，當我走過了兩、三個街區的時候，我才在路上碰到他。至於第三個呢，整整遲到了一個小時，我們是剛好走完了一半的路程才在去車站的路上碰見的。

之前我就提到過，那些曾經僱請過黑人的雇主會向我抱怨，說當那些黑人工人賺到了那一週的薪水後，你就別指望他們會在下一個週一準時回來工作。在喬治亞州的薩凡納[45]，有很多黑人同胞在做搬運工，專門幫船隻裝卸貨物。要是你仔細

45 薩凡納（Savannah）建立於西元 1733 年，薩凡納河流經其中。薩凡納城有豐富的歷史文化遺跡，每年吸引上百萬名遊客。每年的聖派翠克節，薩凡納的遊行隊伍為全美前三大。這裡有很多有趣的鬼傳說。薩凡納亦有一座十九世紀的軍事建築普拉斯基堡。電影《阿甘正傳》中，阿甘坐在長椅上講故事的廣場也是在這裡取景。

看看當地的報章，就會發現，那些僱請黑人搬運工的雇主最近推行了一項新規矩：他們再也不會在一個星期結束後就向工人們支付當週全部的薪水，他們會把每週其中兩天的薪水扣下來，然後保留到下一個星期結束才發出去。當然了，最終工人們不會因此損失些什麼，那僅僅是意味著，只要他們持續為同一個雇主工作，他們至少會有金額相當於兩日薪水的應收款。毫無疑問，工人們對自己的薪水被扣留大感不滿，但是，當他們要求雇主給出解釋的時候，他們的雇主告訴他們：「過去的經驗告訴我們，要是我們在週六晚上把所有的薪水都給了你們，我們就很難指望你們會在下個週一早上回來繼續你們的工作，你們很可能會喝醉，或者在週日放浪縱樂，所以到了週一你們根本就沒辦法工作。」這就是他們在僱請了這些工人已經有一定年頭之後做出的決定。

現在再來想想我跟你們提到的事情吧。關於這個例子，你們很可能會說，這都是因為薩凡納的雇主們有偏見，想把錢扣下來，挪作他用，好滿足他們的私欲，而且他們也有權力這麼做。但是你們也很容易明白，要是一個人月復一月、年復一年的感到失望，他很快就會做出結論：對他來說，最好就是試試來自其他種族的馬車夫。所以，如果薩凡納的那些雇主們年復一年都只能發現，他們真的不能依靠黑人工人來做仔細、整齊、有條理的工作，他們就會嘗試找來自別的種族、能把工作做好的工人。

現在，我已沒有必要繼續舉其他的例子來喚起你對此類事情的注意了，也不必以此來向你證明，我們這個種族必須克服的其中一個缺點就是不夠可靠。我當然明白，對一個人來說，不是任何時候都有可能說到做到的，但是，要是真的不能做到他承諾的事情，他應該及時向那些聽信他承諾的人捎個信的。那些讓我失望的馬車夫，要是他們能夠在約定時間兩、三個小時之前就通知我說他們不能來，又或者請另外一位馬車夫頂替他們，我是不會對此有什麼怨言的。至於那些薩凡納的碼頭搬運工人，要是他們發現自己不能及時回去工作的時候能捎個話給他們的老闆，也許他們的缺勤就會得到原諒。但是，就是這種在做事時令人失望的吊兒郎當、漫不經心，讓我們這個種族蒙受了「不可靠」的糟糕名聲。我之所以反反覆覆且毫無保留的跟你們說起這個話題，完全是因為我見過很多雇主以及未來的雇主，他們很可能成為我們同胞的老闆，但每一次和他們談論工作，他們提到對僱請黑人工人的唯一顧慮，就是我在上面不厭其煩的說到的「不可靠」問題。他們很多人都說其實想聘請黑人工人，他們樂意讓黑人多擔些職責，只是他們沒辦法找到能忠於工作的黑人工人。你也許會說，假如我們只是因為膚色就能坐上受人信任的位置，就能賺到不錯的薪水，那我們是不大可能成長和發展起來的。關於這一點，我可以向你們舉個例子。幾天之前，我在紐奧良參觀一家典型的煉糖廠。經營這家糖廠的公司請了兩、三百名工人，我發現，在這家公司裡掌管所有帳目、經手公司所有現金的，就是一名年輕的黑人，而在他手下各個職位上工作的職員都是白人。

我還記得，兩、三年前，我曾在白山[46]那裡遇見這家公司

46 白山（White Mountains），美國新罕布夏州的一座山脈（小部分伸入緬因

的其中一名合夥人，他那時就向我介紹過這名年輕人了。他告訴我，很多人跑去到那裡跟他說：「你不該在那麼多白人想坐上這位置的時候讓那個黑人坐這個位置。」

他告訴我，他是這樣回答那些人的：「這個年輕人工作時，比其他任何我能找到的人都要做得好，因此，只要他一直表現這麼出色，我就會讓他一直做這個工作。」後來，這位紳士去世了，他的遺孀接手了他的生意。他的遺孀很有信心，相信這個年輕人有能力把這爿大生意的一切都打點好，因此，她把他留了下來，留在了這家大企業的高階管理層中。他就是路易斯先生，你們當中有些人可能也認識他。這個例子很好的證明了，不管一個人是什麼膚色，只要他有內在能力，就能因此升遷發展；只要他能證明，自己是可靠的人，他就能獲得提拔。

記住了，無論你是馬車夫，還是生意人，一旦你沒辦法按約定把事情做出來，盡快提前通知別人對你總是有好處的；要是你不能做到這一點，不管你接受了多少教育，都無法升遷至一個可擔負更多責任、獲得更多信任的位置。

就如我此前常常所說的那樣，要是我們塔斯基吉學院或者其他類似的學院沒辦法培養出一大批可信賴的年輕人，那我們這個種族的名聲在未來幾年裡都不大可能變得很好；另一方面，要是我們能培養出有高度責任感的年輕人，任何時候人們都可以信賴他們的話，我們就開始踏上了重建這個種族的名聲並且將其進一步提升的大道上。在這件如此重要的事情上，你

州），地質上是阿帕拉契山脈的一部分。海拔 1,917 公尺的華盛頓山是該州、新英格蘭、乃至美國東北部的最高點。

們每個人都可以出一份力。不要等到邁出校門的那一刻了，各位同學，就從明天早上開始，做個可靠的人，並且一直堅持，直到「可靠」成為你不可分割的一部分。

# 第十八篇
# 學會珍惜時間及其他

今晚，我要提醒你們，該從這個學年中得到什麼。可是，如果你們沒有下定決心做好兩件事情，我光談那些都是用處不大的。

首先，你們要下決心記住我將要說的東西，然後，必須把我的建議融入實際行動中。要是你們能下定決心聽取這些建議並付諸實踐，用盡你的記憶把這些好好記住，並且盡可能做到的話，我們才有可能談談那些在學年裡對你有益的事情。

我希望你們能牢牢記住：無論什麼書、什麼專業或工具，不管你多麼精通它們，光靠它們是不能成就教育的。把頁面上的內容背得滾瓜爛熟，或者把某些工具用得得心應手，都不是教育的最終目的。書本也好，專業或工具也好，統統都不過是方法，讓你在某些方面變得更好的方法。

所有這些，它們本身都不是終點，只是方法。所有教育的終點，無論是頭腦的教育還是心靈或技巧的教育，都是要讓人變得更好，讓人變得更有用、更強壯；讓他的優點、才能和力量能為同胞帶來積極正面的影響。

我希望你們能在這個學年學會的其中一樣東西，就是能正確看待時間的價值。要是有這樣一節課，我們每個人都該上好這一課、認真仔細並且持續學習這一課的話，那這一課就是要教會我們 —— 生命中的每一分鐘都是極有價值的，要是我們隨意浪費了哪怕一分鐘，都是一種罪過。記住了，你在這個學校裡過的每一分鐘，對你而言都是極為寶貴的。許多人會在他們六、七十歲甚至八十歲的時候回望過去並且充滿悔恨的說：「我多希望能從頭再來一遍。」但這是不可能的！他們所能做的，只能是為自己浪費了那些寶貴的分分秒秒而悔恨不已。

現在，你們前面還有很長的路要走，和他們不一樣，你們還有很多日子要過，只要你學會珍惜每一分鐘，你的日子就可以過得很成功。在這裡，你可以把每一分鐘都用來認真熱忱的學習，或者用來從事一些有益的消遣，但你要保證時間沒有浪費掉。

另外一樣你必須在這個學年裡學會的，就是要培養閱讀的習慣。任何一個學會熱愛好書和優秀的報紙雜誌，並且還能每天都花時間來閱讀這些書報的人，都是快樂的人。你該讓自己到達這樣的境界 —— 你每天都要花一定的時間看書才能感覺快樂。

另外，在這個學年，你們還必須學會仁慈、禮貌的對待任何一個人。通常，在言行舉止上禮貌對待一個社會地位與自己相差無幾的人不是什麼困難的事情，或者禮貌對待一些比自己富有、比自己有影響力的人也不是什麼難事。檢驗一個人是否真正紳士或者淑女的標準是當他們接觸到一些貌似比他們低下的人、一些無知或者貧窮的人的時候，他們的表現是如何的。在面對無知的人，或者比他貧窮的人的時候，都能時時保持禮貌、態度溫和的那些人，才是真正的紳士和淑女。當普魯士的亨利王子[47]來到這個國家的時候，我記得，有位著名的公眾人物在接待他之後曾這樣描述：「他實在是一位真正的紳士，可

---

47 亨利王子（Prince Henry，西元 1862 ～ 1929 年），德國皇帝腓特烈三世（Friedrich III）的第三個孩子，威廉二世（Wilhelm II）皇帝的弟弟，德國將領。

以在與其他王子會面時從容不迫，也可以在與窮人會面時令人放鬆自在。」

學會溫和的對每一個人說話，無論他是黑人還是白人。沒有人會因為其紳士風度、禮貌待人、十分尊重那些不幸的人而有所損失。

我們希望你學會控制自己的情緒。有人曾說，野獸和人類之間的最大區別就在於，野獸從不懂得如何控制自己的脾氣，而人類則可以接受教育和培訓。他可以學會控制自己，讓自己的情緒更平和；他可以學會完全控制自己的脾氣。你們當中要是有誰時時被自己的脾氣所左右，那你就要下定決心，把學會控制脾氣作為一個目標。你們應該對自己說：「我要成為情緒的主人，而不是讓情緒成為我的主人。」

還有，你們要努力獲得那種無論何時都堅持說真話的勇氣，不管說真話的代價是什麼。這種做法可能會令你在某一個時期內變成一個不大受歡迎的人，為你帶來不便，還會讓你失去一些心愛的東西。但是，那種有如此勇氣不計代價、無論何時都堅持說真話的人，都是些最終能獲得成功的人、最終會成為征服者的人。真話以外的其他話，其代價都不是你們所能承受的。我從狄奧多．羅斯福總統[48]身上看到的一個最大優點就是，正如有人所寫的那樣：他身上最大的缺點就是他從不懂得如何撒謊，從不懂得欺騙民眾，他只會說最坦率的話。正是因為他的正直、敢言，所以他成為了這個國家的領袖。

---

48 狄奧多．羅斯福總統（Theodore Roosevelt Jr.，西元 1858 ～ 1919 年），美國著名政治家、作家、自然主義者、歷史學家、美國第 26 屆總統。

另外，我們還希望你們能學會誠實對待別人的財物。我們最好還是清楚的著重談談這個問題：我們的其中一個弱點，其中一項原罪，就是無法誠實對待別人的財物。

你應該學會對你的舍友、同學以及老師的財物保持絕對的誠實。下定決心，不要讓任何東西把你引向歧途，要保持徹底的正直。那些亂動他人財物、取走不屬於自己財物的人，一開始就走錯了方向，他們當中沒有一個不是以窮困、悲痛和失望告終。下定決心吧！在任何時候保持誠實正直，要是你不聽從我剛才嘗試強調的種種經驗教訓，就沒辦法從生活當中感受到快樂，也沒辦法在學業上獲得成就。

每當我們提及誠實的時候，很多人首先會想到的是，取用不屬於自己的財物時才需要想起「誠實」一詞，但事實不是這樣的。要是一個人不誠實的占用了別人的時間和精力，這情形和取走實質有形的財物是一樣的。當走進教室、辦公室或者商店的時候，有人也許會問自己：「今天我可以少做多少的工作，卻仍能蒙混過關呢？」有人則可能會不停的問自己：「今天或者這個小時之內，我可以做出多少東西呢？」

而我們的期望就是，每一個從我們學校出去的學生，都不要做那個嘗試偷懶的人，也不要做那些僅僅完成責任就算了事的普通人；我們希望我們的學生成為那些努力做得比應盡責任更多的人。要是你不能超越那些普通人，不能下定決心做得比所負的責任還多，你就會讓我們失望。

我希望，每一個應徵到某個職位上的年輕人，無論他的職位多麼無足輕重，要是他的職位要求他在8點上班，他就能提前 10 到 15 分鐘出現在職位上，要是下班時間是 5 點或者 6 點，他能在那個時間去和主管說：「需要我加班嗎？還有沒有別的需要我處理好再走？」全身心的投入到你所嘗試去做的事情中，這就是誠實。

你們這一年當中要學會的事情就是要和世界上的優秀人物保持聯絡，應該學會和學院裡最優秀的學生保持聯絡，把他們作為你們的榜樣，告訴自己，你們年年月月都要進步，直到你們和他們一樣甚至比他們更好。羅馬不是一天建成的，但是我希望，你們每一個人都能下定決心，從今晚開始，終此一年甚至終你一生，都要努力奮鬥，以期事事做到最好。要是你能這麼做，那麼當你準備好離開這所學校的時候，你會發現，你在這裡所花的時間都沒有白費。

# 第十九篇
# 服務的要義

## 第十九篇　服務的要義

今晚，我要花些時間和你們談談「服務的要義」這個主題，當你們首次聽到這個主題，心靈也許不會為之一振。但是我保證，正是出於心底裡對我們種族的那份熱切關注，我選擇了談論這個主題。

「服務」這個詞常常會被人誤解，因此，很多時候，它被附加上了「降低身分」的含義。其實，每一個人都會在某些領域中服務他人，而且他也該這麼做。耶穌曾說過，想要成為最偉大的人，首先要成為所有人的僕人。他的意思就是，只有當一個人相應的為他人付出了服務，他才會變得偉大。美國總統就是美國人民的僕人，因為他要為人民服務；阿拉巴馬州的州長也是僕人，因為他要為這個州的人民服務；蒙哥馬利市最好的商人也是個僕人，因為他要為他的顧客提供服務；學校裡的教師也是僕人，因為向學生提供服務以滿足他們的要求就是他的責任；廚師也是僕人，因為替主人煮食就是他的職責；女傭也是僕人，因為竭盡所能照料那些託付給她的工作就是她的分內事。

無論以何種方式，一個人只要承擔了一些責任，他就是個僕人。那些沒有成為「僕人」的人，都是些一事無成的人。很多時候，某一個種族也會像某個單獨的個人那樣，不懂得珍惜眼前的大好機會，直到那些機會最終溜走。當前，就在南方，依然有大部分的服務工作掌握在我們這個種族的手裡。但是，除非我們能改變對服務的看法，能為服務注入新的生命、尊嚴和智慧，否則，我們在將來恐怕就不能如現在這樣在這些行業中占主導地位了。我想我也許是對的，在過去 10 年裡，家政服務行業的轉變與發展之劇烈是其他行業所無法比擬的。一個廚師要是不能變得更有見識，要是不能用一種最新的、最整潔的方式來完成她的工作，那她很快就會失業，或者成為勞工市場上的「滯銷品」，沒人來挑選她，也沒人願意付給她高薪。那些沒有學會最新餐桌裝飾布置方法、最新菜餚擺放方式的女性，在幾年之內也會趨於失業的。同樣的道理也適用於普通的家政管理、洗衣以及護理行業。

我在上面所提到的所有職業，目前在南方這裡都由我們的同胞占主導地位。但我必須重複一遍，在世界上每一個地方，這些行業都有著飛速的發展。因此，我們要明白，要是我們的女性不能與時俱進，不能拋棄舊有的想法，還是認定這些行業只適合沒有學識的人從事，我們很可能就會失去這些工作。現在，關於家政服務每一項工作都有大量的書本報刊湧現。人們正在學習如何以一種醒目而科學的方式來完成這些工作。不久前，我花了整整一個小時來聽一個演講，說的是關於打掃，那是我花得最值得的一個小時。

這位就如何打掃發表演說的女士，受過良好教育，舉止優雅，而她的聽眾都是些富裕且有教養的人。我們一定要讓自己明白，那些能煮一手好菜的人，應該和那些在學校裡教學的人一樣受到尊敬。

我在上面提到，和我們女士們的職業相關的情況，同樣也適用於我們的男士。沒錯，現在主要是由我們來耕種南方的土地，可一旦別人學會了以一種更聰明的方式來做這工作，學會如何使用些更省力氣的機械，並且變得比我們更盡責，我們就要和我們的工作告別了。在北方，很多時候事情就是這樣發生的，一開始馬車夫都是黑人，但是在紐約和費城這樣的大城市，黑人們失去了這個工作。而在我看來，他們失去工作不是因為他們是黑人，很多時候，是因為他們沒有持續不斷的改進自己的工作。現在這個工作已經變了很多，經過提升，它已經成為一個專業。那些還希望做馬車夫的黑人同胞就該弄懂，一個馬車夫穿什麼才合適，要怎樣愛護馬匹和車輛。出現在馬車夫身上的問題也同樣出現在男管家那裡。

很多時候，恐怕我們都只是把這些職業看作絆腳石，一旦找到別的事情可做就會立即拋棄這些職業，因此會以一種漫不經心的態度來對待這些工作。我希望我們能在這方面做出改變，全身心投入到工作中，並且努力讓某些職業變成終生職業。只要我們做好了本分，我們就會為子孫後代打好基礎，他們將來就有可能進入社會的更高層次。一個種族發展的基礎，恰恰應該在我們完成每日的例行工作時悄然打下。我們不應該老想著如何可以在工作中偷懶，相反，應該想著如何可以做得更多；不要老想著如何擺脫我們的任務，而應該想想如何可以把任務做得更好。

我常常會想，要是我有能力在每一個城市開設大型的培訓學校來指導人們如何做好家政服務，那該多好啊！要提升我們同胞的技能，沒有什麼會比這些學校做得更好了。也許有人會說，我的這些論點只適用於為白人提供服務的同胞。其實，這適用於我們所做的任何工作，無論為誰服務，我們都該做到最好。一個不能為黑人好好服務的人，同樣也不會為白人提供良好的服務。我就舉個例子來說明一下我的意思。幾天之前，在一個南方城市，我發現了一家由黑人同胞經營的飯店。這是我在這個國家見過的最乾淨、最吸引人的黑人飯店。當和飯店的經營者聊天時，我問他們，在經營過程中遇到的最大障礙是什麼，他們告訴我，最大的障礙就是很難找到一些能把工作有條不紊的做好的黑人婦女，換句話說，就是很難找到一些黑人婦女，能把飯店每一個區域的房間都徹頭徹尾的打掃乾淨。飯店已經開業三個月了，而我發現，在此期間，經營者僱請了 15 名不同的女服務人員，此後把當中的大部分辭退了，因為他們覺得，不能把那些沒有把工作做好的人留下來。

目前，其中一樣讓南方這裡的家政服務業工人無法進步的劣勢就是：我們的同胞太容易找到工作了。要是我們能在每一個家庭中推行這樣一個規矩，讓他們請人的時候只請那些拿著前任雇主所寫推薦信的人，那也許我們就能讓整個家政行業的素質得以大大提升。即使我們的同胞在前任雇主那裡表現得很差，他還可以透過撒謊獲得另外一個家庭的聘請，長此以往，我們的家政服務行業就只能一直都這麼糟糕、毫無起色。

很多白人，除了對黑人的家政服務能力有點認知外，對其他能力都是毫無認知的。要是因為這方面的事情而對我們的品格和服務留下糟糕的印象，那他們很可能就會推斷，黑人的整個生活，無論從哪個方面看，都是不能令人滿意的。我希望，無論我們因何接觸白人，都能做好自己，從而讓他們留下盡可能好的印象。

不管我之前提到過哪些缺點、過錯，在我完結之前，我還是要說，在我們黑人之外，還沒發現尚有其他民族，能在類似的境況下，在 35 年之內獲得比我們更大的進步。因此，我如此坦率直白的和你們討論，為的就是讓我們能在未來獲得更大的進步，遠遠大於之前的進步。

# 第二十篇
# 你在黑人大會上的貢獻

## 第二十篇　你在黑人大會上的貢獻

這八、九年來，我們有個傳統，會在學校這裡開一個「塔斯基吉黑人大會」。這個大會的起源是這樣的，幾年之前，我們當中有些人靈光一閃，覺得我們不應拘束於在學校內舉辦這個大會，只面向已經聚集於校園裡的學生，我們也許可以把範圍擴大，去接觸並幫助學生們的家長以及鄉村地區的老年人，甚至幫助那些在城市裡的人。

由於有了這樣的眼界，幾年之前，我們開始邀請一些人來我們學校花一天時間和我們待在一起，讓他們以一種直接、樸實的方式來告訴我們，他們的物質、精神以及宗教信仰的狀況。於是，那一天的整個下午都會用來傾聽他們的想法：他們認為這所學校以及其他學校如何可以幫助他們；他們又如何可以照顧好自己。

於是，慢慢的這個簡單小型的聚會變成了我們所說的「塔斯基吉黑人大會」，在過去的幾年裡，與會人數從 900 人一路增加到了 1,200 人。現在，在黑人大會之後，我們還會召開一個「工人大會」，因為與會者中有大量來自農場的農業工人。這個工人大會讓來自南方各個專為黑人提供教育的學校代表們共聚一堂。

今年，這些會議將於下星期三早上開始。而今晚，我要和你們討論的一個實際問題就是：如何可以令這個會議成功召開？你可以為這個會議做些什麼，而這個會議又可以幫你做些什麼？

我希望你們能領會到，如今在全國各處，越來越少的學校會只埋頭於老套的純粹困在教室裡的教學活動上。很少學校會像幾年前那樣，只讓自己的工作限於那些他們觸手可及的少數學生身上。很多時候，他們會把學校工作的範圍擴大。

他們會以這樣那樣的方式去接觸年輕人，同樣也接觸上了年紀的人。因此在很大程度上，透過黑人大會，我們塔斯基吉學院也在做出同樣的努力。

在這幾天裡，我們會有數百名農夫以及他們的妻子兒女聚集在這裡。我們希望，我們學校裡的每一個人都能下決心去幫助這些人。我們希望今晚這裡的每一個人都感受到，當這些人齊聚塔斯基吉學院的時候，每個人肩上都擔負著特別的責任。我們有時會說，來這裡開會對他們來說就好比一年當中的學校教育日，在這一年 365 天中唯一一個接受學校教育的日子裡，也許他們會以最集中的注意力來關心注意與他們有關的事物。把他們邀請到這裡來，不但學校裡的每一位教師和職員要擔起責任，每一位學生也有各自的責任。我希望，你們都能想想，可以如何幫助這些人，當他們逗留期間，你可以如何啟發和激勵他們，好讓他們在離開的時候覺得，花時間來這一趟絕對是值得的 —— 即使他們當中有些人要長途跋涉才能來到。

來這裡的有些人對書本知識可能不是太多，可是我希望你們明白，不是每一個不能讀不能寫的人都是無知的。我認識的一些人，也是我引以為榜樣的人，他們都是目不識丁的人。來這裡的許多人中，也許會有很多人不懂得讀寫，但是，我們依然可以從他們身上學到某些東西。同時，在逗留期間也可以從我們的身上學到某些東西。

你要保證竭盡全力讓他們在此期間過得舒適而快活。迄今為止，每一次舉行會議時，我們的學生都很慷慨，他們會讓出自己的宿舍，好讓這些人能舒服的過一晚。我不清楚學生都睡到哪裡去了，但我不相信，過往會有哪怕一個學生被強迫著不情願的把房間讓給這些與會者的。

我相信，你們在今年也可以做到如此慷慨。

我還希望你們能夠記住，為了讓會議成功舉行，你們不但要禮貌熱誠的對待來自南方各個州的農民，而且要禮貌的對待來自其他大型學院的代表，要關心他們。我們會有來自各個為黑人提供教育的學院代表，對這些學院、工業培訓學校的校長、講師們來說，放下其手頭的工作來到我們學院過上幾天，有著重大的意義。我們有責任好好款待他們，應該讓他們覺得，放下手頭的工作，花上一定的時間和金錢前來參加會議是值得的。我們希望他們能從我們的勤奮中、我們每一個系的培訓中學到些東西，並把這些東西帶回他們的學院，讓他們的工作更得心應手。

至於你們自己，透過抓住每一個可能的機會，也可以從這次大會中獲得裨益。當你們要離開校園的時候，就有很多實用的資訊可以運用到實踐中了。我希望你們以後也能在南方各處舉行類似的當地會議。把人們召集到一起，把我們學校在此類會議上所教的東西教給他們。當你們透過舉行此類會議把你的努力付諸實踐而讓人們快樂起來的時候，你就能獲得最大的收益。生活中最大的快樂就是讓別人快樂；生活中最大的收益就是助益別人。我希望你們能找到那些最無知、最窮苦的人，我希望你們找到那些最孤獨、最沮喪的人，然後做些事情讓他們快樂起來。在做這些事情的時候，你也是在為自己做最大的貢獻。

我希望，這個學校裡的每一名學生，都是由內而外的紳士和淑女。紳士的意思就是：一個慷慨的人，一個學會仁慈待人的人，一個能以他人的快樂和福祉為重的人。讓我們把這種精神灌輸到下週的會議中，這樣一來，這場會議就會是我們有史以來最成功的一場會議。

讓我們下定決心，每一個出席會議的人，無論他代表的是一所大學、一所學院、一所工業學校、一個農場或者一家商店，當他們離開這裡的時候，他們會從塔斯基吉學院裡帶走一些能令他們更快樂、更明智、更堅強也更有用的東西。

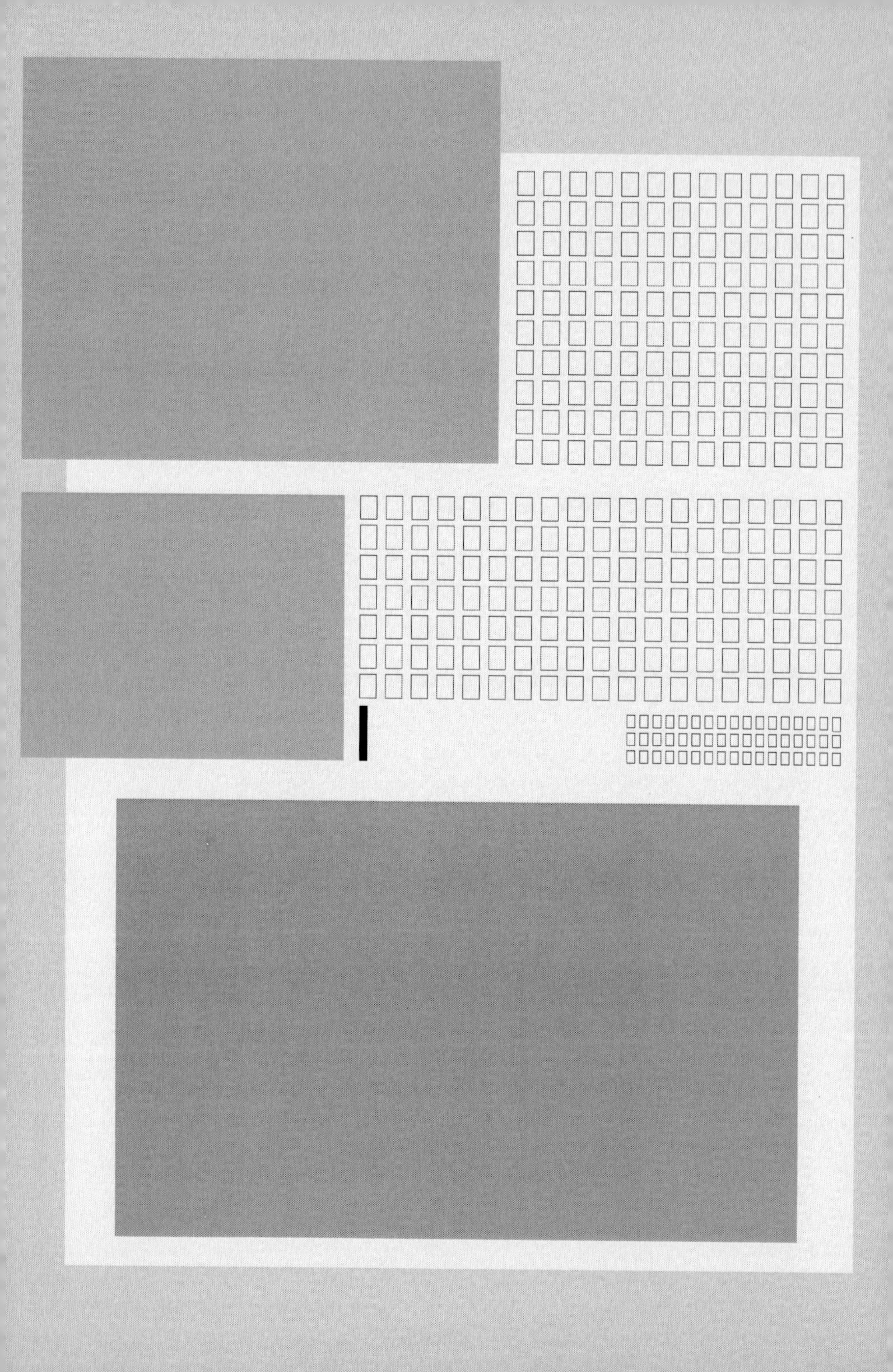

# 第二十一篇
# 我們的未來是什麼

## 第二十一篇　我們的未來是什麼

上個週四的下午，我收到了一封電報，發電報的是一位在喬治亞州某個城市短暫停留的紳士，他請我立即過去一趟，說是有重要的事情。我非常好奇究竟是什麼事情這麼需要我，所以我去了。我發現，原來這位紳士在立遺囑，他打算把存起來的一筆金額高達兩萬美元的款項留給我們學校。

這位紳士請我過去，主要是想向我了解這所學校的未來。他說，這些錢是他辛苦工作才存下的，是經過許多努力和犧牲才得來的，而且他的朋友也懇求他把錢用在其他方面，因為他們相信把錢用在其他方面能帶來更多更持久的好處。因此，他很想了解這所學校的未來究竟會是怎樣的，因為他不想把錢拿去冒險，留給一個短期之內似乎會興盛但在幾年之後就式微的機構。

他說，他不會把錢留給一所不能與時俱進、不斷突破的學校。因此，他在我面前不斷重複的話題就是：「塔斯基吉的未來是什麼？」他想知道，要是他把錢留給我們，我們能否善用這筆錢，年復一年讓一代又一代的人受益。

我們的好朋友布朗教授，在他本週的一、兩次演講中就曾要求我們注意：對我們來說，讓學校發展到其應有的地位、讓它名副其實有多重要。而我今晚想要和你們談的，就是再次強調這一點。

我記得，那位和我談話的紳士，向我反覆強調：從外界看來，塔斯基吉是可靠的。對於人們是否支持我們學校的發展，我們不應有任何的懷疑；而我也越來越意識到這點。如果我們讓學校的一切保持運作良好，只要我們學校值得別人支持，那麼這個國家的富有人群就會支持它。每一年，留在我心裡的這種印象都會越發深刻，而且也有越來越多的跡象顯示，我們學校的持久與發展，不是依賴於南方或北方的人們是否傾其所有來支持這所學校。我有絕對的信心，人們會支持我們學校。但是，最大的問題在於：「我們值得人們支持嗎？我們值得公眾信賴嗎？」這是個相當嚴肅的問題，讓我心裡最沉重的問題，也是其他教師心裡最沉甸甸的一個問題。

而這個問題想要得到滿意的回答，就只能靠我們學院裡的每一個學生，每一個人 —— 無論他和這所學校是什麼關係，也不管他能力如何 —— 把他所有的良心都投入到在這裡的工作上。當我說「工作」的時候，我既指對書本的研習，也指手工勞作、體力勞動以及心靈的積極性。無論你要做的是什麼，你都該全身心投入去做，做到最好。我希望，你們能夠說：「我已經全身心投入到我的學習中、我的工作中以及我嘗試去做的每一件事情中。無論我做過什麼，我都誠實的竭盡全力。」

其實，全國各地的人都會一遍又一遍的問這位紳士所問的問題以及類似的問題。而要回答這個問題，我們只能全身心的投入到工作中，並且保持徹底的無私。讓我們都養成習慣，每一天都為著別人的舒適和福祉而做好計畫，每一個人都盡量無私，記住《聖經》所說的：「凡惜命者要先獻身（He that would save his life, must lose it.）」。除非一個人能夠日復一日的為著他同胞的利益不斷獻身，否則，他就不算是一個達到「惜命」的最高境界的人，不算是一個向耶穌看齊的人 —— 這些向耶穌看齊的人非常珍惜他們的生命，並且透過珍惜自己的生命來珍惜其他千千萬萬人的生命。

然而，僅僅靠我們把所有的良心都投入到每一次努力中，並不足以為這個問題給出令人滿意的答案。不管我們努力做著什麼，要給出令人滿意的答案，還是要靠我們日復一日的不斷進步，每一天都比前一天做得更好。在大型的機構裡，不難找到那些每天都要打掃房間的人，或者每個特定季節都要去耕作的人，或者在某些特定時期去做某些特定工作的人；但是，難的是找到那些會在打掃時、耕作時、種植玉米時還能不斷提升、進步的人。對我們來說，問題在於：「我們能否保持每一年都在要努力的事情上動腦筋，能否每一年都不斷穩步前進？」你是否能養成這樣一個思考習慣並讓其成為你身體的一部分呢？這樣一來，當你邁出校門進入社會的時候，不會止步於在同一個職位以單調、一成不變的方式來完成你的工作。你只有在工作裡的每一個可以改善的細節得到改善，同時工作變得更容易、更有條理也更便利的時候才會感到滿足。

因此，我們必須在自己的工作上花心思。我們這個學校的每一個科系，每年都肯定有一些可以改進的地方。對一個學院來說，保持一成不變那是不可能的；它不進則退，每一年裡只會變得越來越好或者越來越差，越來越強大或者越來越無足輕重。

要讓我們的學校成長發展，就只能透過每一個人的努力——努力花心思在自己的工作上，去計劃如何改進自己的工作，不停的令自己的工作可以為學校做出更多的貢獻，一直保持自己的工作地點整潔，並且讓自己的工作方式更系統化更切合實際。要對全國各地人們提出的這些問題給出滿意的答案，對我們而言，這就是唯一可行的方式。

你會發現，人們會越來越希望從我們這裡看到一些有形的成果。不但是在這裡，其實在全國各地，我們整個種族都需要回答這個問題：「我們究竟可以實現些什麼成就？」我們的朋友以及敵人都非常明白，我們可以寫出很好的新聞文章，可以做很好的演講，我們還能歌善舞、能說會道，諸如此類的東西我們都能做得很好。所有這些都很容易理解，也很容易得到了大家的承認。但是，越來越需要追尋到答案的問題是：「我們可以產生自己的思想嗎？可以把這些思想化作有形的成果，好讓世界每天都能見證我們的智慧嗎？」

某年冬天，我在愛荷華州的克林頓[49]鎮，我之前從沒聽說過這個地方，而當我到那裡的時候，我很驚訝的發現，那裡有16,000多個居民。負責接待我的男士想要帶我去一家黑人餐館。我原本以為，將會見到的餐館和我們的同胞通常所開設的餐館差不多，但是他帶我去了一家非常大、足有兩層樓高的建築物那裡，這讓我很意外。我發現地板上都鋪了地毯，室內的所有一切都如此吸引人、令人愉悅。這家餐館比這個國家許多大城市的餐館都要好。我發現那裡的服務生都很整潔，服務很好，所有一切都井井有條。除了餐館主人的膚色，沒有一樣東西顯示出這是一家由黑人經營的餐館。

當我的朋友帶我去另外一家規模相近、風格相似且同樣值

49 克林頓（Clinton），美國愛荷華州克林頓郡的城市，於西元1857年1月26日成立。

得讚揚的黑人餐館時，我發現，這兩位餐館老闆，不僅僅是在做一門平常的餐飲生意，他們還會自己生產糖果和雪糕，承接大型餐飲服務。在那兩家餐館裡，我問白人對黑人有什麼看法，幾乎每一個白人都表示對黑人有絕對的信心。問題只是在於，那裡的黑人不是很多，而正是這些為數不多的黑人讓白人留下了良好的印象。

你們看到了，僅僅兩個人就能發揮出那樣的力量。這些人並未見過許多的黑人，但是對我們來說，很幸運他們接觸到我們的同胞中特別出色的兩位 —— 那可是我在這個國家所見過的最出色的兩位（黑人餐館老闆）。因此，在那個小鎮裡不會有人詛咒黑人，每個人都信賴黑人並且很尊重他們。

只要我們能在全國各地以這兩位為榜樣，你就會發現，曾經非常困擾我們的問題會自動消失。除非我們切切實實做到了，否則，我們無法光憑言語和爭論就能消除人們的偏見。我們不能光靠嘴皮子爭取到權利，我們必須靠努力工作、思考來爭取權利。只要我們做好了這些，就會得到我們應得的東西。

# 第二十二篇
# 乾淨整潔

# 第二十二篇　乾淨整潔

今晚，我將要花上幾分鐘和你們談談一些被我稱作「重大小事」的東西。我說它們「重大」，是因為它們極其重要；我說它們「小」，是因為在許多人眼裡，很多時候它們都被看作瑣碎而不重要的。但是，在我們這樣一所學校裡，我認為它們絕對是至關重要的 —— 在那些值得我們學習的重要東西中，它們絕對位居前列。

你們應該還會記得今天早上，牧師所做的布道，他提到了本質的三層分類：肉體部分、心理部分和精神部分。而今晚我要談的東西，主要是和我們的肉體相關。關於如何愛護你自己的身體，你們確實有很多東西需要學習；如果現在不學習，那麼可能終你一生都不會再學。你現在就該踏上一條學習的道路，讓這些良好的習慣成為身體的一部分，否則就無法讓它們永遠來到你身上。因為你沒有讓它們成為身體的一部分，你會令自己終生羸弱。

我會用非常平實的語言來和你們談這事情，因為我相信，如果我不能用一種讓所有人都明白、欣賞的方式來表達我的主題，那我說的一切都是白費。一個在寄宿學校學習的學生該養成某些好習慣，其中一種習慣就是定期洗澡，要是一個學生在家裡沒有養成這個習慣，他就該在這裡養成。我發現，總是有為數不少的人沒有養成這個習慣，這讓我很驚訝。那些沒有養成這個習慣的人是沒辦法獲得最大成功的。我的意思是，一個沒有養成習慣讓自己的身體保持清潔的人，是無法擔負重任的。你會發現，當這些人要和那些養成習慣令自己的身體狀況保持良好的人進行競爭時，後者通常都會勝出。我相信，你們當中很多人已經透過生理學課程弄明白了，當需要和疾病戰鬥時，如果兩個人都患了同一種疾病需要臥床，那些養成良好個人衛生習慣的人，比起那些沒有養成良好個人衛生習慣的人更容易恢復過來。你還會發現，那些養成習慣愛護自己身體的人往往在學習上也更得心應手。他的身體狀況讓他更能承受繁重的學習，反之，那些不愛乾淨的人則差多了。

再來說說牙齒。一個人要是不重視牙齒的清潔和護理工作，不將其視作生活中重要的部分，就不能說他是個受過良好教育的人，是個有教養的人。當我說把這些當作生活中重要部分的時候，我的意思是你該讓它們成為一個強大的習慣，一旦哪天你不這樣做了，你會覺得很不自然。有人曾說，人就是由一個個習慣塑造出來的。有很多良好的習慣，我希望你們能把它們都轉化成身體的一部分，應該持續不斷的去努力，讓這個目標最終成真。

還有就是頭髮，每個人都該養成護理頭髮的習慣，還有指甲，也應該保持清潔。

我在上面所說的都是些普通的瑣事，但都是些很重要的事情。我可不願意看到一個從這裡畢業出去的學生沒有養成愛護牙齒、頭髮、指甲並定期做清潔的良好習慣。你們記住了嗎？

以那些在這裡學習了兩、三年的年輕人為例。你們有沒有培養出這種感覺，當你的頭髮沒有梳好、你的指甲變髒、你的身體不夠清潔的時候，你們會不會對這一切有所不滿？要是當你們畢業的時候，還沒有成長到那個境界，那麼證明你們所受的教育出了問題，你們根本還沒準備好邁出校門，無論你是高年級的學生還是預備班的學生。

還有一件事情。我得承認，對那些衣服上長期沒有鈕扣的人，我很難對他們給予崇高的敬意——因為這實在是不應該的事情，鈕扣這麼便宜。我不禁會想，要是我要求你們當中那些衣服上鈕扣齊全的人都站起來，究竟能有多少人可以站起來。對一個讓自己的圍裙長期留有一個大洞的女孩，我實在是很難給出良好的評價。同樣，對一個發現自己大衣上有油漬卻不立即去清除它的男士，我也很難產生好感。

如果能把自己的皮鞋擦乾淨，能更尊重自己，你也能獲得其他人更多的尊重，無論你在哪裡皆如此，在學校時則尤其如此。每個人都該養成擦鞋的好習慣，讓自己的皮鞋時刻保持狀態良好。

我想，在我說完上面的一番話後，我也不必重複了：對每一個人來說，穿上最整潔的亞麻衣服是極其重要的一件事。我之所以如此直白的和你們說這些事情，是因為我希望對這些事情的關注能內化成你們身體的一部分，成為你們快樂與成功的基本要素。我希望，從這裡畢業的每一個女孩都衣著整潔幾近完美，並且要是有任何細節她沒照料好，她就會覺得不滿意；同樣，我希望男孩們也如此。讓這些事情在你們所受的教育中占據一個更大的比重，也在你們日後的生活中占據更大的比重。

除此之外，雖然學校裡學生人數非常多，宿舍甚為擁擠，即使如此，你們也應該加倍努力，讓房間保持乾淨整潔，讓室友都學會把各樣東西各歸其位。

要保證無論在燈光下還是在黑暗中，都能隨手找到你想找的東西。

還有其他兩、三件小事：你們在宿舍裡、工作時、和同學交談時，都該保持一份平靜。安靜的做你的工作，養成輕輕關門的習慣。在不知不覺中，所有這些小事將大大增加你的快樂，讓你在接下來的歲月裡更具男子漢氣概或者女性氣質。

最後，有條理的生活不能缺了閱讀。每天抽出一定的時間，即使四、五分鐘也好，用來閱讀並且學習課本之外的東西。可以看看那些遊記、歷史和傳記。我希望，這個學年你們能以前所未有的熱情光顧學校的圖書館。裡面有大量出自許多優秀作者之手的作品。

在養成各種習慣之後，讓學習、休閒和休息的時間變得有規律。

最後，我要說的絕對不是一件最次要的事情，那就是：要定期思考、反省。好好剖析自己，全面審視自己，看看自己有些什麼弱點，哪裡需要提升。在每週結束之後，把身上那些拖你後腿的重擔甩開，把原來的自我拋在身後，以全新的身心昂然開始下一週。要是能堅持不懈，你就會發現，當這長達九個月的學年過去後，在每一個催人成熟的方面，你都大有長進了。

# 第二十三篇
# 給未來的教師

# 第二十三篇　給未來的教師

今晚坐在我面前的你們，當中有很大一部分人在離開我們學校之後會做一段時間的教師 —— 即使不一定把教師作為終身職業。因此，今晚我要和你們談一個話題（我在別的地方也曾談過）這話題就是：在南方我們該如何建立一所好學校。

南方的黑人學校，尤其是鄉村地區和小鎮裡的學校，按規矩，在州基金的支持下每年只能開課三、四個月。因此，對老師和家長們來說，最大的問題就是，如何將學年延長到七、八個月，好讓學校做得更好呢？

為此，我打算坦率的給出幾個建議，只要人們能聽從這些建議並細心將其付諸實踐，每一個族群裡都可以有屬於自己的好學校。我們這麼說可不是誇誇其談，因為，已經有不只一個從塔斯基吉學院畢業的學生，根據我概述的計畫建立起好的學校了。

首先，教師們必須願意在社群裡安定下來，把那裡當作自己的家，並且把教學當作他的最主要目標。他不但要消滅那種覺得自己每隔兩、三個月就可以搬動一次的想法，還要明白 —— 他不僅僅是為了一份薪水而教學，他必須為社群的利益做點犧牲。

其次，必須要找一個便利的校址。通常，在南方的偏遠地區，州政府是沒有能力建立校舍的。那該怎麼辦？建造一個好的校舍是要細心計劃的。教師或者其他人，應該深入社群，和裡面的人們接觸，不管他們是白人還是黑人，並且讓他們做些貢獻 —— 無論他們捐獻的金額是多少，或者他們捐獻出的東西價值有多少 —— 好去買木材。當我們開始建立塔斯基吉學院的時候，一位上了年紀的黑人女士就曾替我買了 6 個雞蛋作為她的貢獻。

如果透過捐獻和徵集無法籌集足夠的錢來買木材，那麼一頓午飯、一次活動、一次款待或者一次教堂募捐都會對這事有所幫助的。當木材準備好後，就該叫家長們用馬車出一份力了，讓他們義務運輸木材；然後，至少要找一名出色的木匠來領導建造工作。社區裡的每一個人都該貢獻出幾天來幫助搭建校舍的框架。在建造的過程中，年紀大一點的學生完全可以幫上大忙，而且，當他們有份參與建造時，也會對校舍有更深的感情。靠著這些，再加上耐心的工作，幾乎任何一個社區都能建起一座結構良好的校舍。

有可能的話，以每個學期只有三、四個月的公立學校作為起點，並和教育官員合作，讓這三、四個月過後，學校不用關門。因為一旦關門，學校也沒有任何好處。

一旦教師在社群裡安定下來，他該把人們組織起來，建立一個俱樂部或者學術會，每週舉行一次會議，或者每兩週舉行一次會議，和大家討論學校改進的各種計畫。

還有為數不少的方法可以延長學校開課時間的。其中一種，就是當學校還在正常開課的時候，讓家長們每個月付出 10 美分、25 美分或者 50 美分。那些拿不出現金的家長可以拿雞蛋、小雞、奶油、馬鈴薯、玉米或者其他一些農產品來代替，只要這些東西能讓教師吃飽就可以了。還有一種辦法，讓農民留出一小塊地，並且把這塊地裡所有的產出都送給學校。另外一種辦法，教師們可以租賃或者買下一小塊的土地，譬如說大約 2 到 5 畝，然後讓孩子們上學時在這塊地上耕作 —— 這方法至少已經在一個地方成功推行了，而且，這對教師來說是比較容易實現的。要是透過這種方法，能產出三大包棉花或者各式各樣的蔬菜、穀物，那這些農產品就可以拿去賣掉，用所得的錢就可以把學期延長到 6 至 7 個月。

起初可能會有家長反對這麼做，但很快，他們就會發現，讓學校在每天下午一、兩點結束課程，以便孩子們能花上一、兩個小時在學校的土地上勞動，並最終讓學期持續到六、七個月，總好過讓學校在三個月之後就完全停課。此外，這種做法還有另外的好處。

教師們可以透過這種方式，在實踐中教會學生如何更好的耕種。對學生來說，聽取一些農業耕作的原則，比讓他們死記硬背非洲中部某些高山的名字來得有意義。很多時候，校舍附近都有足夠多的土地可供學生們耕作。

教師應該在社區裡買一棟房子，並且讓他的家成為附近所有人學習的典範。完成教學工作的時候，教師應該在農場裡耕作，或者做些小生意。這不僅僅是幫助教師營生，也是為人們樹立榜樣；如果是女教師，那她更加可以透過縫補工作、裁縫工作或者養殖家禽來增加收入，幾乎每一個社區都可以這樣做。

# 第二十四篇
# 持之以恆

# 第二十四篇　持之以恆

今晚，我將花一些時間來和你們談談「持之以恆」。希望你們明白，一旦開始在學校裡學習，除非能堅持自己所做的事情，否則，你是沒辦法做成任何事的。無論一個人擁有多少財富，無論他在這方面或者那方面已經擁有了多少東西，也無論他掌握了多少的技藝或者知識，除非他能同時擁有堅持不懈的品格，否則，他是不能成功的。簡言之，一個成功的人是不會搖擺不定的。

這就是為什麼那麼多牧師最終失敗的原因。他們在開始布道沒多久，就會跳到別的事情上，他們沒有堅持做一樣事情。對很多律師和醫生來說，情況也一樣，他們沒有堅持自己所做的事情，還有很多生意人也是因為這個原因失敗的。要是一個人有了這樣的名聲 —— 無論他要做什麼，都沒有把事情堅持下去直到獲得成功的品格 —— 那麼它會從各個方面抵消他其他優秀品格所帶來的良好影響，因為人們會說，他不夠穩重、搖擺多變。

我希望，當你們開始學校生活的時候，會秉持這樣一個信念：無論你要做的是什麼，都會堅持下去直到你做完。我認為，當來到這裡的時候，你們理所當然的該秉持這樣的信念：就在你們來這裡之前，在你們和父母坐下來談這件事情的時候，在你看過介紹學校的宣傳單並且經過深思熟慮決定要來這所學校之後，在你相信這所學校所提供的正是你要學習的課程之後，你就該有這樣的信念了。我理直氣壯的認為，你們就是帶著這樣的信念來這裡的。而現在，我想對你們說，除非帶著成功的決心而來，並且為了這個目的一直留在這裡直到你獲取文憑為止，否則，你會傷害你自己、父母、學校以及自己的名聲。我希望這裡的每一個人，每一個年輕人，都有這樣的決心：除非他完成了自己所有的目標，否則他不會放棄努力。

你們正處於這樣一個階段，要是你們一會做這個，一會做那個，要是你先參加了這個課程，然後又去參加另一個課程，此後在你的一生中，你很有可能會這樣繼續過下去。所以，當你們來到這裡之後，一定要下定決心，無論做什麼，都要做好。這不但對你的學校生活有好處，對你此後的生活也有好處。

前一個晚上，我在蒙哥馬利市，當時我在街上一站就是一個小時，因為我對某些東西產生了前所未有的濃厚興趣。我很少會在一條街上站上一個小時，但昨晚，我確實在那裡站了一個小時，就在J·W· 亞當斯（J. W. Adams）先生所開的一家又大又漂亮的商店前，我看著兩名在我們學校完成了學術和勞動課程的女孩在那家商店的櫥窗裡完成了女帽的展示工作。她們是傑米 · 皮爾斯（Jemmie Pierce）小姐和莉蒂亞 · 羅比森（Lydia Robinson）小姐。在蒙哥馬利市，每個十月的第一個星期一，通常都是他們所謂的「女帽節」，在這個日子裡，所有賣女帽的商店都會展示各式女士帽子。意外而有趣的是，這兩個女孩來到了一個大城市，並且掌管了一家大商店的女帽部門。

數百人流連於櫥窗前，對她們所做的展示和裝飾中流露出的品味表示讚賞。所有這些，都是由兩個塔斯基吉學院的畢業生做出來的。而且，對此讚賞不已的不僅僅是黑人，還有白人。沒有人可以僅僅看著櫥窗就判斷出那是黑人的作品還是白人的作品。很多流連的白人女士根本不知道，她們正站在一家由黑人開設的商店前 —— 這家商店沒有黑人商店通常會有的那些特徵。很多時候，當你走進一家黑人商店，會看到門上或者櫃檯上有油漬，或者會從其他這樣那樣的跡象中看出這是一家黑人的商店。你們當中那些希望畢業之後能自己經營生意的人，誰也不樂意看到自己的商店被打上那樣的烙印，你們都想擁有亞當斯先生那樣的商店。

上面提到的兩位女孩為自己贏得了好名聲。她們在這裡學習時就已經進入了女帽專業，而她們一直在這個專業學習直到畢業。其中一人，我記得當她拿到學術文憑時，還沒完成女帽專業的學習，但是去年，她又回來了，並且參加了女帽專業的一個深造課程。看到兩位年輕女士獲得成功令人感到欣慰，因為她們明智的做完了該做的事情。

她們就是你們都該學習的榜樣。如果你們現在沒辦法學會，那你們的一生很有可能就是失敗的。你們就應該成為她們那樣的人，就該努力爭取。如今，要是你希望得到文憑，就要經歷一段艱苦歲月。你們當中有些人可能會沒鞋穿，有些可能沒有帽子戴，或者沒有任何適合的衣服，為此你們可能會感到沮喪，因為你們不能像別人那樣擁有漂亮的裙子或者帽子。可是，對於一個因為這些事情而放棄的人，我連對其表示輕蔑的興趣都沒有。你們該做的就是努力度過這段歲月。讓頭腦充實起來，而不是擔心能否因為這種充實而受益。衣服總會有的。

某些時候，你可能會很沮喪。可是，假如你能用心堅持完成現在要做的事情，那麼在以後的生活中，也能繼續有所堅持，並且會為自己贏得名聲，因為，這個人會堅持做完任何他要做的事情。生活中最可悲的事情就是看到一個人老去，而他並未在任何一個方面變得專業，沒有什麼是他可以賴以謀生的技能。看到這樣的人在老年陷入貧困、無家可歸是令人難過的，而這正是因為，當他們應該存錢為自己購置一棟房子的時候，他沒有這麼做。因此，我們一生當中都該向大量沒有學會這一點的人不斷指出：無論他們要做什麼，都要付出一定代價才能成功，現實就是如此。如果我們想成功，也要付出相應的代價。那些最終大獲成功的人，都是以一種謙遜、直截了當的方式獲得成功的，他們對自己所做的事情深信不疑、堅持不懈。那些能如此堅持的人，最終會發現自己獲得了極大的成功。

# 第二十五篇
# 你該做什麼

## 第二十五篇　你該做什麼

通常來說，任何一樣工作都是比較容易上手的，但是，工作的價值在於：要把工作做好，以盡可能快的速度得到最想要的結果；並且，要以一定的方式將工作安排好，以達到一定的目標。對那些掌管身體健康的器官來說，它們一直需要處理一個問題：如何運行消化並將食物中的營養傳送到身體的每一個部位——不僅僅是消化器官附近的部位，還包括離這些器官很遠的其他部位和器官。

同理，對那些習慣做公開演講的人來說，他們的目標就是要讓那些離他們很遠的人也能和坐在他旁邊的人一樣，清清楚楚的聽到他要說的東西。正是為此，每一年，我都越來越覺得，對我們所有在南方的學校來說，讓那些離我們很遠的人都能強烈感受到我們的影響力，應該成為我們的一個主要目標。

如何接觸到那些「遙遠」的大眾呢？我說的是那些離教育很遠、離激勵和啟蒙很遠的人。對鄉村地區來說，這不容易做到，因為他們要接觸的人實在很多又常常接觸不到。我們該牢牢記住這樣一個事實：像我們這樣的一所學院，除非能讓廣大人民，尤其是那些不能進入我們學校學習的人民，感受到我們的努力成果，否則我們的存在價值是微乎其微的。

你們當中絕大部分都知道這樣一個事實：即使已經擺脫奴隸身分有 30 多年了，可是，在鄉村地區，還是很難碰到一個受過良好教育的教師。你們也知道，在政府部門裡也有類似的情況。因此，今天在南方，在這些學校中的年輕人就要擔起這個責任，去接觸那些要接觸的人，把好的東西帶給他們。

那麼，你們又該做些什麼來接觸這些人，並把他們迫切需要且殷切期待的東西帶給他們呢？這事情做起來雖然困難，卻並不令人沮喪，因為這些人早已準備好去追隨光明 —— 一旦他們確認眼前是他們要的光明，就會去追隨。你很少會碰到一個黑人對自己的無知毫不自知，也很少會碰到一個發現自己做得不夠好又不想著變好的人。因此，從這來看，事情是令人鼓舞的。

其中一個比較嚴重的方面是勞動。在南方的每一個城鎮，大部分黑人同胞在手工勞動方面的能力都較為低下，儘管我相信現在已經有些改善了。大部分同胞都已習慣了勤儉節約以及無休止的辛苦勞作 —— 這當中令人沮喪的難題就是，他們根本不知道如何依靠自己的辛勤勞動來獲取收益，因為他們受的教育很少，也不大明白工業發展；他們不知道如何讓自己的工作成果得到別人認可。沒有人（尤其是鄉村地區的人）會乞求別人施捨食物、衣服和房屋；他們唯一的要求就是希望有一些誠實、正直的人來關心他們的福利，來到他們當中並教會他們如何將辛勤勞作好好運用，如何從勞動成果中獲益，好讓他們自給自足，既滿足自己的道德、宗教和物質需求，也有能力教育下一代。

從我們這些學校出來的年輕人無論去哪裡 —— 漢普頓[50]、

50 漢普頓（Hampton），美國新罕布夏州羅金厄姆郡一個鎮，比鄰大西洋。

塔拉迪加[51]、費斯克[52]、亞特蘭大[53]或者其他地方 —— 只要這些年輕人到黑人同胞當中安定下來，令自己的生活成為他人的榜樣 —— 建立一所好的學校，並且讓人們相信，無論情況好壞，作為教師的他們都會留下來和人們一起度過，你會發現，這樣一位教師，不但會受到人們的鼓勵，還會在物質上獲得人們的支持。這樣的人，能在各個方面改造自己身處的社群。你們都可以有那樣的機會，要知道，世界上其他地方受教育的年輕人們並沒有你們這樣好的機會。你們會欣賞這個莊嚴而美好的機會嗎？

昨晚，我和一位最近剛在南方各州待過一段時間的先生談話，他告訴我，南方各州的鄉村，幾乎沒有一家公立學校的開放時間會超過四個月。他還告訴我，那些地區的月平均薪資不過是 15 美元多一點；在其他州，人們的境況也大致相同；而在我們州，情況也許比上面提到的州還要差。在阿拉巴馬州的某些鄉村地區，今年人們沒有收到資助，沒辦法讓學校繼續運作 —— 哪怕只是三個半月都不行，當然，城鎮地區就不一樣了。在某些鄉村，教師的每月收入通常只有 12 到 20 美元左右，而有的教師從州資助款項那裡獲得的薪水也不過是 10 美元。

51 塔拉迪加 (Talladega)，美國阿拉巴馬州下屬的一座城市。

52 費斯克 (Fisk)，美國田納西州納許維爾市下轄的小鎮，費斯克大學所在地。

53 亞特蘭大 (Atlanta)，美國喬治亞州首府及最大城市，也是富爾頓郡的郡政府駐地。20 世紀，它是美國民權運動的中心。

不久之前，我曾和一位來自另一個州的先生談論他們那裡人們的物質情況，他告訴我，從實業方面看來，他們大部分人今年過得很不好。很多時候，他們都要受到地主的支配——我說的地主就是那些經營大種植園的人；同樣的情況也在所有種植棉花的州裡出現。我想，我不必繼續向你們闡述，這些情況將會引起的不可避免的精神問題。

我實在不必浪費你們的時間來告訴你們，這些不知從何處獲取果腹之物且很無知的人，又會有多少道德和宗教信仰呢？更加不用描述隨著這些困境而來的種種不道德行徑了。

我在上面嘗試向你們描述的現今在鄉村地區所存在的種種問題，聽起來似乎是不大令人振奮，但是在我看來，每一個得以在我們學校或者其他的南方學校享受教育的年輕人，尤其是那些將要畢業的年輕人，應該把種種此類狀況看作一個大好機會，讓你們施展拳腳的機會。在這裡接受教育的每一個年輕人，都是靠別人提供的資金獲得教育的。你們當中沒有一個人要為你們接受的教育付費。你們也許會為了膳食而付費，但去其他地方也一樣要為這付費。每個人都必須為自己的衣服出錢，但是建築校舍的費用、租金、學費以及其他與維持學校運作有關的費用都無須你們支付。你們所受的教育，很大程度上就是民眾送給你們的禮物，在我看來，你們首先應該做的事情就是回報大眾，應該竭盡所能用你們提供的服務來回饋當初那些傾注在你們教育上的一切。

這是一筆債，不但是你欠自己的，還是你欠我們整個種族、整個國家的。這還是一筆信仰上的債務，為此你要願意去這些鄉村地區接受幾年的磨練，到你能找到自己的立足點，能植根於這些無望的社區。我有信心，你們不會在這些地方受苦太久，最艱難的是剛開始時的兩、三年。當你能讓人們相信你是誠摯的時候，就贏了。當你能讓人們相信，留住一位受過良好教育的教師總比留住一位無知的教師來得划算，當你能向他們展示，你的價值不僅僅在教育方面，還在勞動培訓方面以及道德方面時，你就贏了 —— 這些人一定會站在你的一邊並支持你。我都相信，在很多情況下，你們會發現，在鄉村地區工作讓你得到更好的財政支援，要比去大型城鎮工作還好。無論你從哪個方面來看待這個問題，它都是有很多好處的。

在談及這些服務所能帶來的回報時，我要告訴你，當那些父老鄉親因為你所提供的服務而獲益並因此敬仰、讚美你的時候，你所獲得的滿足感是其他東西所帶來的滿足感所不能比擬的。我知道有這麼一些例子，一些教師去鄉村地區並且扎根下來，儘管他們沒有賺到很多的錢，但是，因為他們在各個方面幫助了當地人，年復一年，他們都能感受到在身邊的當地人出於感激而產生的愛和真誠的敬仰。

在適當的文明扎根之前，世界各地都應該展開此類先驅式的工作。當人們扎根西部時，他們做了這樣的工作，拋棄了舒適的生活。那些當初在一片荒地上建立起歐柏林學院[54] 的人肯

---

54 歐柏林學院（Oberlin College），美國俄亥俄州的一所私立文理學院，創立於西元 1833 年。歐柏林學院成為美國第一間接納黑人學生的主流大學，亦因此而在美國聞名。西元 1865 年，歐柏林音樂學院成立；西元 1867 年，音樂學院併入了歐柏林學院。

定也經歷了很多艱難苦楚；那些前往華盛頓、俄勒岡、加州並且建立起如今所見大城市的人，也一定經歷過這些艱難；他們經歷過的，你們肯定也要經歷並且應該去經歷。

你們願意為了同胞們看到他們一直以來所期待的希望而受苦嗎？要是在我面前的年輕人懷有正確的想法，他們會願意的。我最希望的當然是，你們能夠把這裡每一日所學到的東西帶給那些絕望無助的族群；我希望你們能為這些地區培養出受過教育的人。當你們明年 5 月或者其他時間從這裡領取了文憑之後，下定決心扎根於這些族群並留在那裡吧。無論你要做什麼，要是你變得像猶太人一樣一直流浪，你是沒辦法實現太多成就的。找到一個你認為最能發揮才華並令當地人民受惠的社區，並且留在那裡吧。

（在這篇演講之後的一段時間裡，我覺得南方的鄉村學校有了很大改進，包括我那時描述過的人們的生活狀況，也有了很大改善。）

# 第二十六篇
# 個人責任

## 第二十六篇　個人責任

之前，當我向你們演講的時候，就曾提到過，你們每一個人都應該對你們在這裡所擔負的任務有興趣，而不僅僅是關心那些任務對你個人生活而言會有什麼意義。今晚，我希望更具體的談談這個主題——對你們來說，不但對你所擔負的每一個任務能否成功負起責任很重要，而且對你所接觸到的值得去做的每一件事情能否有個成功的結果負起責任，也同樣是很重要的。

你應該明白，你的行動影響的不僅僅是你自己。在這樣的年紀，幾乎沒人能夠只靠自己存活。在許多方面，我們的生活也會對別人造成影響；同樣，別人的生活也會影響我們。即使有可能以一種相互隔絕的方式生活，也沒有多少人願意如此。幾乎可以肯定的是，一種狹隘而自私的生活不但沒有回報，也是不快樂的。那些快樂而又成功的人，都是些樂意接觸盡可能多的人並且竭盡所能為別人帶來良好影響的人。然而，一個人如果想過上這樣一種積極的生活，重要的是要先養成某些習慣；而其中一個基本的習慣就是要理解到自己對別人所負有的責任。

你的行動會在不同的方面影響到別人。所以，你要對你的行動結果負責，你應該牢記這點，並且管好自己。舉個例子，假設這是一次課堂背誦，有人也許會說：「要是我背誦失敗了，那也不關別人的事，除了我自己以外，沒人會有損失的。」可事實並非如此，你在間接的傷害老師——學生不愛學習或者太懶導致表現糟糕，一個勤勉、努力的老師是不會因此而得咎的，一個老師的名聲會因為學生的平均表現而起伏。每一次的背誦失敗，都會拉低平均得分。同時，你還會影響到你的同學，儘管你是無心的。說其他人並無觀察著某一個學生並將其當作效仿的榜樣是不大可能的。「有這麼一個傢伙，」有些學生會對自己說，「他已經不只一次在班上背不出來了，可他也沒什麼事，要是我也有一次背不出來，應該也沒什麼大不了的。」因此，他忽略了自己的責任並最終丟失了。

我之所以要具體談談這個主題，是因為這裡發生的兩件事情引起了我的注意。其中一件事情揭示了：部分學生沒有那種我在上面提到的個人責任感；另外一件事情則展示了，一個擁有個人興趣以及個人責任感的學生是怎樣的 —— 這事情可喜而且鼓舞人心。第一件事發生在幾個月之前。和這事情有關的學生也許現在不在這裡了，即使他們還在，這事情也不會再發生。

一位來這裡參觀的先生準備要走了。他在辦公室留言：他計劃搭乘下午 5 點的火車離開我們鎮。我們派了一個男孩在中午過後不久拿著票據去車庫預訂一輛馬車，好把這位先生以及他的行李送到車站。到了四點半，人們幫這位先生把他的行李從他所住的地方搬到大門那裡，好等著馬車過來。可是，沒人來。後來，這位先生非常擔心，他只好親自去車庫。就在他到達車庫的時候，他遇到了車庫的負責人，手裡拿著那張票據 —— 剛剛才拿到的；當然了，沒有馬車會出現的，因為第一個意識到他有責任派出一輛馬車的人才剛剛知道有人需要用馬車。那個拿走了票據的男孩把票據給了另外一個男孩，然後那個男孩又把票據給了第三個人，或者還有第四個。整件事被拖延了，因為沒有人對這件事有足夠的責任感，沒人搞清楚票據要求他們留意的究竟是些什麼。這件事發生在幾個月前，雖然現在，這裡的火車能直接開到切豪地區 (Chehaw)，基本上可以到達全國各地的鐵路線。但那時，這位先生要去北方，他就要及時坐馬車到切豪並搭上去北方的火車。要是他走另一條路去蒙哥馬利，就趕不上整趟火車了，而且，他很可能會因此錯失某次非常重要的會面。因此，他是非得坐馬車去切豪不可的，如果馬車能按要求準時出現，他本來可以省下大量的時間。

可是，當這種事情發生的時候，無論那些該對此負責的人說多少遍「我很抱歉」都不會對事情有任何幫助 —— 已經太遲了。要明白，你們有責任靠自己把事情做好，要好好留意你們要做的事情，保證事情最終的結果是良好的甚至是接近完美的 —— 一如你竭盡全力嘗試成就的任何一件事情那樣接近完美。而且，要是任務在你完成之前就要轉交給別人，千萬不要以為你的任務就此結束了，除非你讓那些接手的人也深刻明白他們的責任，否則，你的任務還沒結束。

這個世界需要的是一些能夠說明他們能做這事或那事的年輕人 —— 能夠說清楚如何可以克服某種困難或者清除某些障礙的人。但是，對那些不大關心自己完成某個任務時表現如何的人，這個世界對他們沒有太多耐心；對那些一遇到挫折便灰心喪氣，從此只會說他因何不能成事並且藉口多多的人也沒有什麼耐心。機會從來都是稍縱即逝的，不會等著我們。

每一個年月，都只會來一次，而且它們很快便會帶著我們留在其身上那些不可磨滅的印記溜走。要是我們想讓每一個年月過得美滿、充實，我們就必須不斷努力，抓緊它們溜走前的機會。

我在上面提到的另外一件事情說起來則令人高興得多了。今年春天的某日，已是暮春了，已經不大需要燒火為校舍供暖了，一名學生路過費爾普斯大廳（Phelps Hall）時注意到，其中一個煙囪有大量黑煙冒出。有些人也許根本就沒注意到那些黑煙，有些人則會說，那是煙囪排出的煙很正常，還有一些人可能會說反正不關他們的事，然後就走掉了。這個男孩與眾不同。他注意到了那些煙是來自煙囪的，也許並無害，但是他覺得，在那個時節，任何黑煙都是有點異乎尋常的，所以他該去檢查一下建築物是不是有什麼危險。他進入建築物，在檢查過每一層樓以及頂樓並發現煙囪和建築本身都安全無恙之前，他一直都沒有鬆懈。

原來，是看門人為了某些原因在地下室的爐子裡生火了，因此，非常幸運，這個男孩擔心的事情並沒有發生。但是，對於他能有這種擔心，並且在確認事情是否發生之前都不鬆懈，我由衷的感到高興。我覺得，因為他在這裡，我們所有的建築物都更安全了。當他畢業並且離開的時候，我希望，他會讓這裡的許多人都學會養成他那樣的責任感。現在我要在這裡告訴你們，除非你們這些年輕人也能擁有他那樣的特質，否則，你們實在很難實現最好也最高尚的成就。

我們經常會聽到人們用「幸運」一詞來形容一個人的人生。兩個男孩在同一時間進入現實社會，並且接受過同等的教育。20 年之後，我們會發現，其中一個富裕而自立，成為一個成功的專業人士，聲名顯赫，甚至是某個僱有許多職員的大型商業機構主管，或者是擁有並耕種數百畝田地的農場主人；我們還會發現，另外一個男孩長大成人，為著 1 美元或者不到 2 美元的日薪而工作，住在一間租來的房子裡，手停嘴就停了。當我們記起兩個男孩從同一條起跑線出發時，可能傾向於說第一個男孩真是幸運，幸運之神眷顧了他；而第二個男孩則很不幸。這簡直就是胡說八道！當第一個男孩看到一件他該做的事情時，他就會去做，而且他持續不斷的從一個位置升遷到另一個位置，直到能獨立成事；而第二個男孩則目光短淺，總是唯恐他做的比他該得的報酬多——他擔心他該得 25 美分的報酬卻做了價值 50 美分的事情。他總是盯著時鐘，害怕自己在中午 12 點過後或者傍晚 6 點過後多做了一分鐘的工作。他完全不覺得有任何責任來關心他雇主的利益。第一個男孩拿著 50 美分的報酬時會做價值 1 美元的工作，他總是提前到達店裡，然後，當下班鈴聲響起之後，他會去問他的雇主，還有沒有其他的事情需要在當晚完成，他可以在回家前先把事情做完。

第一個男孩正是憑這種特質變得受人歡迎，並且因此逐步發展起來的。我們為什麼要說他「幸運」呢？我想，我們該說「他很負責任」，這才適合。

# 第二十七篇
# 做好本分與步步高升

## 第二十七篇　做好本分與步步高升

如果一個人想要獲得一個比目前所占據的位置更好的位置，這是很自然的，也是值得讚揚的。只要一個人做好了目前所負責的事，就不應該因為尋找別的更好的工作而去指責他。現在的問題就在於：你要怎樣做才能讓自己成為受人追捧的人，可以去填補那些更高也更重要的職位呢？

首先，你應該繼續尋找機會，讓自己在目前的工作中得到提升，應該持續不斷的去尋找那些機會，讓自己在現有雇主眼中變得更有價值，並且為他而提高你的工作效率。假設你在做擠奶工作 —— 我認為最好還是談些你們所有人都比較熟悉的實際工作更好。雖然我也知道，你們當中的很多人更希望我告訴你如何成為國會的議員，而不是告訴你們如何做一個成功的擠奶工人。然而，因為我覺得你們當中很大一部分人，更可能會做擠牛奶的工作而不是加入國會，所以我覺得和你們談談擠牛奶的工作也沒什麼壞處。而且，一個擠奶工人要是能認真細心的完成他的工作，也許就會為他在未來加入國會打下了基礎。重點在於，我們要持續不懈的找辦法來改進現在正從事的工作，無論是擠牛奶還是其他事情。

無論你正在做的是什麼事，總會有很多可改進之處是你希望知曉的。要是你從事的是乳酪業，就該看看乳酪業的期刊。你應該竭盡所能的抓住任何一本和你從事行業相關的書本或者報紙。要保證，你對擠牛奶這一行業已經有了徹底了解或者是接近徹底的了解。然後，不要滿足於從書本或者報紙中學到的知識，因為那些知識只是其他人實踐經驗的結果。透過與那些睿智且經驗豐富的人交流，再透過自己的實踐，可以得到很多對你工作很有價值的資訊。記住，要不恥下問。無知的人要是恥於發問，擔心這會暴露自己的無知，那他就只會一直保持無知。

你一定要盡力了解一切目前職位上所該了解的東西，但同時要記住，你還有很多東西需要學習。那些覺得自己對所從事的行業、所占據的職位已經完全無所不知的人，往往都是些社會上最沒用的人。要是你負責擠牛奶而又感覺已經對這項工作無所不知了，你已經變得無足輕重，並且不再適合這份工作了。該記住，三人行必有我師，在別人身上總有些東西是值得學習的。懂得去「學習」是智慧的象徵，即使是向一個最卑微的人學習。我不是說，你們該把每一個建議都應用到實踐中，或者同意別人對你發表的每一段演講；但是，去傾聽人們說些什麼，把他們的計畫和你的計畫放在一起權衡一下，然後從最好的一個計畫中獲益。堅持這樣的對話交流以及閱讀吧，你會在不斷的驚訝中發現，原來你對自己的工作所知不多，原來別人比你知道得更多。

你還應該學會去預估雇主的需求。這樣，你就能讓自己成為他的得力助手。你們不知道，對一個在每天早晨都要對著自己的員工說「9 點做這事，12 點做那事，下午 5 點做其他事」的人來說，這是一件多麼令人惱怒而沮喪的事；而擁有一個能提前想到自己需要什麼的員工，又是一件多麼令人愉快的事。

然後就是，只要你能把所從事的工作當成自己的事情，就能讓自己成為一個有價值且受人追捧的人。千萬不要以為，你做這些工作是為了別的某個人或者某個機構而做的。你們該盡快到達這樣一個境界，每一件事，只要和你所從事的工作相關，無論是發生在商店裡、辦公室裡還是馬廄裡，那都是你該關心的事情，而你就是要對這些事情負責的人。如果你是某個馬廄或者穀倉的負責人，你就該每日都計劃好如何讓牛馬吃得最好。當你能成為這些下等職位的能手時，就會發現，那些讓你升到更高職位的提拔自然就會出現。那些總是把大部分時間用於尋找更好職位更高報酬的傢伙，十有八九都是在其他地方經歷了很多無謂失敗的人。

# 第二十八篇 敬業

## 第二十八篇　敬業

今晚，我希望花上幾分鐘來讓你們注意一件事情，那就是：一次成功須仰仗於別的成功，一個人的成就須仰仗於別人的成就，而一個族群各個家庭之間須相輔相成才能得享共同的繁榮，一個州內的各個地區亦然，唯有如此才能有個成功的州政府。同樣的道理也適用於大自然。萬物之間相互依存，相輔相成。自然界的各種力量之間也是相互依賴的。要是植物不存在，動物也生存不了；要是沒有礦物質，植物也無法存活。因此，任何一種生活都會如自然那樣，自始至終需要仰仗別的東西來獲得成功。

同樣的道理也適用於我們學校以及其他所有學校。一個學校的成功，取決於每一個和這所學校有關係的人，取決於他是否做好了自己那部分工作，是否履行了他的責任。

我們很容易陷入這樣一種思維中：認為職位有高有低，服務有輕有重；但我相信，上帝希望看到，一個在所謂低職位上工作的人會和那些身居高位的人一樣，投入同樣多的心血到他的工作中，一項工作或大或小都能被盡責的完成。我們的學校要成功，就需要仰仗每一個和學校有關係的學生以及教師，當然了，每一所學校都如此。沒有其他任何一樣東西，能比得上讓我看到這裡的人們盡職盡責的做好工作——最能讓我感到滿意、愉悅對學校的未來充滿希望。

我記得，這樣的例子曾在其中一次畢業典禮上發生過。我認為，一個學年中，畢業典禮比其他任何時候都充滿了更多的興奮與期待，因為那時可以見證一系列的儀式。那一年的畢業典禮儀式結束後，我有時間到食堂看看，在那裡，我發現了一位教師，從她的衣著來看，應該是沒有參加儀式的，當我問她為什麼沒有參加儀式的時候，她說：「我本來打算去參加的，但是臨出發前我發現這裡有些盤子還沒洗，所以我就留了下來洗完這些盤子。」

那可算是我見過關於盡職盡責的最好例子，但是能夠這樣做的人實在很少。而在這裡，我們就有這樣的教師：他們全身心投入到工作中，願意做這樣的事情，這讓我對我們學校在未來這些年內的發展充滿了信心。

當有知名人士親臨現場、有各路引人注意的人物出現使得有份出席慶典的人皆樂在其中時，一個人需要有良知並且很留心他的責任，才能做到留在後面默默洗盤子。當所有和我們學校有關係的人都能讓自己達到這個境界，我就完全不用擔心我們學校能否成功了；同時，也只有當所有人都能達到這個境界，我們學校才會成功。

如果我要求你們這些學生分別上臺發表演講或者朗誦一篇文章，我完全不用擔心你們會做得不好。我相信，你們會仔細準備好演講或者文章。

你們會查閱一切所需的參考資料來尋找自己所需的資訊，然後你們會來到這裡，來一場成功的演講或者朗誦。我很肯定，我聽到的東西不會讓我引以為恥，每一個普通人需要站到臺前表現的時候，都會表現得很好。我所擔心的是，當你們需要去完成一些小任務、履行一些小職責時，你們能否成功做好，因為那都是些你認為別人不會看到你在做的事情。而恐怕恰恰就是你的這種想法——認為沒人會看到你洗盤子，沒人會看到你清理縫隙裡的灰塵 —— 導致你失敗。

我還記得前一段時間，我坐著輕馬車在新英格蘭，從一個村莊前往另一個村莊，當我們在路上走了幾英里之後，駕車的年輕人把馬停住，並跳了下來；我問他怎麼了，他說馬具有些問題，於是我認認真真、目不轉睛的盯著馬具看了一會，沒有發現任何瑕疵。然而，這個年輕人還是動手修理了一塊他認為不夠好的馬具。在我看來，他口中的所謂瑕疵並不會影響馬匹，也不會阻礙他以應有的速度駕著馬兒前進，但是，在他修理完畢之後，我就看出確實是變得更好了。這件事情為我上了很好的一課，這讓我明白了，新英格蘭的人們是如何培養對工作的責任感的，正是因為這種責任感，他們不會把那些哪怕最微小的事情置之不理或者敷衍了事。就是這種新英格蘭性格中的特色，讓這個州的名字在這個國家成為了「成功」的同義詞，難道我們不希望有成千上萬個像那個年輕人一樣的人在我們這裡嗎？如果我們這裡有上千個這樣的年輕人，那麼當他們拿到文憑之後，就一定能讓他們找到工作。

一個人該學會透過這方面的品格來判斷別人。不久之前，我有機會探訪這個國家的某監獄。當郡治安官帶著我參觀那些建築物的時候，讓我印象深刻的是，裡面的一切都那麼乾淨，我注意到，一個似乎是監獄管理員的人，儘管他自己本身也是個囚犯，但他似乎非常自豪的向我展示了那裡的角落有多麼乾淨，那個地方有多麼整潔好看。他似乎要把所有的身心都投入到維持監獄清潔當中。

當我們走到了管理員聽不到的地方時，我問郡治安官：「那個人是誰？」治安官回答我說：「那是個犯人。但我相信他是無辜的。我不相信，一個對自己的工作如此認真、熱誠的人會犯下罪行。當我看到他在這裡的工作做得有多麼好時，儘管他確實被關在這個監獄裡，但我相信，他是個正直的人，該擁有自由。」

坦率的說，我們在這裡必須要解決的問題不是「你能掌握好代數或者文學嗎？」你們也知道自己可以掌握好各門學科；我們在這裡必須要以戰戰兢兢、如履薄冰的態度來解決一個普遍問題：我們能培養出個人責任感嗎？能令一群學生中的每個人都培養出這種責任感，以後可以憑此依靠他們嗎？能培養出一群女孩，當打掃房間的時候，她們不會只滿足於保持讓房間中間看得到的地方乾淨，還會讓角落和家具底下滿布的灰塵通通消失嗎？她們能保證每一件東西都得到恰當的清潔，並且放回恰當的位置嗎？我們能培養出一群男孩，當去農場裡工作時，他們能和站在這裡演講時一樣投入嗎？我們能培養出你們的責任心，好讓你們不會只是因為被要求做某事才去做，而是做任何你覺得該做的事嗎？這些，才是我們需要在這裡解決的問題！

# 第二十九篇
# 父親母親會說什麼

## 第二十九篇　父親母親會說什麼

我想，對一個人的生活來說，沒有什麼時候會比他第一次離開家門來得更重要、更關鍵 —— 無論那是為了上學、工作或者是做生意。我認為，你可以透過一個人離家後頭一、兩年裡的表現來準確判斷，這個人一生中將能實現多少成就。你會發現，如果一個年輕人在此期間能堅決抵制各種誘惑，把父母教給他的經驗運用到實踐中，而不是墮落到旁門左道去，這會讓他在應用這些經驗的過程中收穫很多幫助和啟發。幾乎可以肯定，他必然會讓自己成為一個有價值的公民，他不但會成為父母年老之時的幫手，還能為自己的族群做出貢獻。

沒有什麼可以比以下這個問題能更好的測試你的行動了，問問你自己：「我的父母對此會怎麼想？我所做的事會得到他們的贊成，還是會令我恥於讓他們知道呢？」要是你能每天都這樣問問自己，我相信，透過這樣做，有助於掌握好自己在學校裡的生活。

我希望，你會就自己的行為問自己這個問題，因為那是我們必須非常重視的事情。我們可以把知識灌輸到你的腦海中、可以透過培訓讓你的雙手變得靈巧；但是，所有這些培養，假如不能建築在一個高尚、正直的品格之上，不能建立在一顆真誠的心靈之上，那這一切都是徒勞的，你和那些最無知的人比起來好不了多少。

如今的年輕人，尤其是當他們初次離開家人去上學的時候，最容易誤入歧途的就是抵擋不住誘惑，把時間都花在品格低下的狐朋狗友身上 —— 那都是些你肯定恥於讓父母知道的正與其為伍的人。你們要避免這種情況！要保證，你身邊的年輕人都是些能提升你素養的人，一些能在各個方面使你變得更強壯的人。

我很確定，我沒有必要告訴你，和那些會對你產生不利影響的人為伍會有什麼後果，或者不理善意警告會有何種後果。一個長期和不良之人為伍的學生，就是個會在幾年之後讓其父母傷透了心的學生。他會不守規矩、不服從，總是在點名時間遲到，總是要值日生去召喚或者去食堂、操場上看著他們。事情總是如此，毫無例外。

就在今天，其中一位學生的母親帶著另外一位母親的口信來到了學校。她告訴我，那位母親也把兒子送來這裡學習，還非常焦慮的交代要讓她兒子記住在這裡必須服從規矩，希望他能把所有時間都用來努力學習、盡職工作。那位母親希望她兒子明白並記住，她每天含辛茹苦才得以讓他繼續在這裡學習，並且同時還要撫養家裡那些小一點的孩子。現在，當這些口信要傳給那個男孩的時候，他在哪裡？他是否如他母親所殷切期待的那樣做呢？沒有。

他已經讓自己蒙羞，並且被開除出校了。當他母親知道這事的時候，她會多麼傷心啊！難怪他會嘗試向父母隱瞞他的不當行為和恥辱。

我在此懇求你們，要是想虛度光陰，浪費生命中最寶貴的時光，請你想想，你的父母一旦得知你的種種不良行為，將會受到怎樣的打擊 —— 那是一切以你為重的父母啊！

我已經談過了一些我們不希望你們在學校裡會做的事情。我們希望你們學會去做的事情又是什麼呢？我們希望你們明白並欣賞基督教信仰的實際價值。我們希望，能幫助你們理解這些信仰，理解基督教，明白那不是些虛無縹緲的東西，不是些當生命終止之時才能享受到的東西。我們希望你們能明白，基督教確實是一種真實而有幫助的東西，你可以帶著它進入教室、進入商店、進入農場甚至進入你的臥室，而且，你不必等到明天才能發現基督教的力量和用處。

我們希望你們能感覺到，這個宗教是你生活的一部分，這意味著它可以日復一日的幫助你。我們希望你們能感覺到，我們讓你們在這裡參加的宗教儀式不是一種負擔，而是一種榮幸，這些宗教會議值得你們去參加，還有其他各種協會的祈禱會議亦然。在這些會議上，耶穌的精神不是以一種虛無縹緲的方式來傳遞，而是透過一種謙卑、親切的方式來傳遞。我們希望你們能感覺到，宗教是一樣可以令你更快樂、更明智也更有才能的東西，而不是一種讓你貌似莊重的把臉拉長的東西。要是你們原本不知道，我們還希望你們現在能弄明白，要成為一個有基督精神的人，不必首先成為一個擁有超自然本領的人。

然後我們還希望你們學會管好自己的行為，不僅是為著那些最終會影響到你自己也影響到你身邊親密之人的結果，還為著你將對所有認識的人所產生的影響。如果在你同學的身上以及那些每日與你有接觸的人身上，沒辦法學習到那些更高階、更寬泛也更加重要的東西，那麼你在這裡的時光大部分都浪費掉了，其實我更傾向於說：全部都浪費掉了。

要是當你離開這裡的時候，還沒弄清楚，所有該學的東西中最最重要的就是要學會博愛、施展才華、與人為善，那你的生命就浪費掉了。我希望看到，在這裡的年輕人都能把這種精神廣泛付諸實踐，能在教堂裡起身，把座位讓給那些陌生的學生。我希望你們能做到去找食堂的負責人，並請她讓那些尚未習慣在食堂就餐的新學生坐在你的旁邊。

已故的阿姆斯壯將軍（Samuel C. Armstrong）身上有許多崇高的品格，其中令我印象最深刻的就是他的極度無私。我認為，從我與阿姆斯壯將軍的互動中，我從來沒有看到他的生命中有任何事情或者任何行動是自私的，哪怕是最輕微的一點點私心也沒有。他不但關心黑人聚居的南方，也關心白人聚居的南方；他不但關心他自己的學校，他也關心其他所有的學校。任何事情，只要能對其他學院有所助益，無論是做些什麼還是說些什麼，他似乎都會非常樂意去做，就好像那些行動或者言語都是貢獻給他自己的漢普頓學院一樣。我曾有機會體驗這種樂於助人的精神，那令我很高興。不久之前，我正在賓夕法尼亞州參觀某神學院，並在那裡逗留了兩天。我認為，在那之前，我從未感受過類似的感人氣氛。我的身邊圍繞著一群年輕人，他們唯一的目的似乎就是要讓我感到舒適愉快。這些年輕人大部分都接受過神學和學術方面的高等教育，但是他們並不以為我服務為恥，甚至到了願意為我擦鞋的地步。當我要離開的時候，好幾個人要為我提行李去車站。這樣的體貼入微，就是我希望能在我們學院的每一個角落看到的。上帝鼓勵樂於助人的精神！去尋找每一個可能的機會讓別人舒適愉快吧！只要大家都這麼做，不用很多年，我們就能擁有一所世界上最好的學院。而你自己，透過協助實現這個目標，也等於在做一些事情，讓你在回答「我的父母親會怎麼看我所做的事情呢」這個問題時，能給出一個自豪而令人滿意的答覆。

# 第三十篇
# 經驗教訓

不久之前，住在這個州的一位老黑人對我說：「我把過去都拋下了。我重獲自由了。」

這番話意味著，在正確的指引下，這位老人透過 20 年的努力工作和省吃儉用，在掙扎了一番後，終於在經濟上獲得了自由，掙脫了債務的束縛，買下了一塊 50 畝的土地，建起了一棟舒適的房子，並且還能納稅。這意味著他的兩個兒子能夠在學術或者農業學院裡接受教育，他的女兒能夠接受縫紉和烹飪方面的指導培訓。儘管這樣說會有某些局限性，可這就是一個美國基督徒的家，這是他的勤奮與仁慈的結果。這位黑人獲得了自力更生的機會，這是美國所有黑人都希望得到的機會，這是你們在這所學校學習時所盼望得到的機會。

至於這位老人的後代可以在我們州的文學、商業方面獲得怎樣的成就，那就取決於未來我們這個種族的能力了。

你以後能獲得怎樣的成就只能取決於你未來的能力。在奴隸時代，我們被排除在競爭之外。今天，除非我們讓自己具備在世界上與人競爭的能力，否則，我們整個種族將會遭遇挫折。

假如我走進這個國家的某些社群裡說「德國人很無知」，肯定會有人跳出來把社群裡薪資報酬最高的蔬菜農場指給我看，那就是由德國人擁有並經營的。假如我說「德國人一無所長」，那肯定會有人領我去看看市裡最大的一家機械修理店，就是由德國人擁有並經營的。假如我說「德國人非常懶惰」，肯定會有人跳出來讓我看看那條最時髦的大街上最大也最精美的建築，那就是屬於一個白手起家的德國人的。假如我說「德國人不可信」，一定會有人向我介紹一位德國人，而這位德國人是市裡最大的一家銀行的總裁。假如我說「德國人沒有盡到公民的責任」，一定會有人要我認識一位受人尊敬、頗有影響力並且在政府任職的德國人。

而現在，要是有人說黑人很懶惰，我希望你們也能帶他們看看在地方上經營得最好的黑人農場。當他們質疑黑人是否夠誠實時，我希望你讓他們認識一位能開出 5,000 美元支票並得到銀行認可的黑人；當他們說黑人不夠勤儉節約的時候，我希望你們能讓他們了解一位在銀行有 5 萬美元存款的黑人；當他們說黑人沒有盡到公民的責任時，我希望你們能讓他們見到我們某位經營著棉花廠並為此而納稅的同胞。我希望，你們能夠讓這些人認識那些在州內事務、在宗教信仰、教育、機械行業、商業、家政等方面走在前列的黑人。記住那句古老的箴言：「我們要透過這種跡象來克服一切。（By this sign we shall conquer.）」讓這成為我們的座右銘吧。

在北方，有些人在過去 10 年、20 年甚至 30 年裡，一直都在資助南方黑人的教育，正是他們的資助在一定程度上成就了我們學校。實事求是的說，這些提供了資助的人有權利知道，他們提供的資助得出了怎樣的結果。那麼，我們可以拿什麼向他們證明，他們在這些方面提供的資助是有回報的呢？你們作為塔斯基吉學院的學生，在很大的程度上，有責任去回答這個問題並讓人們得到滿意的答案。

在過去 30 年裡，我們主要依靠這些來自北方贈予南方的資助而發展到了一定階段，這段時期，南方人很少會反對讓黑人接受某些形式的教育。你們離開之後，可以在南方任何一個郡裡建立一所學校，因為無論在哪裡，都會有白人反對你這麼做。更重要的是，很多時候，你還會得到鼓勵，甚至是衷心的同情以及支持。不久之前，我收到一位住在密西西比州的白人寄來的 50 美元，他是為了資助一位黑人男孩的教育。這位白人此前曾是一位黑人奴隸主人，一開始的時候，他並不鼓勵黑人接受教育，但是他在信裡很誠懇的對我說，現在他相信，我們塔斯基吉學院以及其他類似學院所做的一切正是黑人所需要的。他說，他希望讓北方人知道，南方的白人和他們一樣關心黑人的教育。我還記得另外一件事，一位來自阿拉巴馬州的白人在去年自掏腰包，拿出整整 2,000 美元為他所在郡的一所黑人學校捐建了校舍，還為學校的維護提供資助。

還有另外一位來自南方的白人 —— 阿拉巴馬州伯明罕市的貝爾頓．吉爾里斯[55]先生，最近向我們學院寄來 500 美元的支票。到當時為止，那是我們學校所收過的最大一筆來自南方白人的資助，同時還附有一封信：

> **作為一個南方人，也是南方其中一位最大的奴隸主人的兒子，我非常希望我們的人能盡其所能滿足人們的期待，去幫助黑人接受教育，從而讓黑人成為更快樂也更有貢獻的公民和朋友。**
>
> **還有，我認為，對南方來說，是時候讓所有人都要比以前更為全面的考慮一下整個南方所有人口的教育問題了。同時，在任何行得通的地方，學校裡要著力推行關於儲蓄的教育。**

---

55 貝爾頓．吉爾里斯（Belton Gilreath，西元 1858 ～ 1920 年），美國建築商、礦主和慈善家。是美國塔斯基吉大學、南方女子大學、雅典女校的捐資人。

更近一點的是來自亞特蘭大的 H·M· 阿特金森[56]先生，他是整個南方最成功的商人之一。最近他到我們塔斯基吉學院仔細的檢查了我們的工作。在他回亞特蘭大之後，我收到了他的一封信，我把信裡其中一段讀給你們聽聽：「內附一張 1,000 美元的支票用以資助你的學校，具體用途由你決定。我所看到的一切讓我印象深刻，我不會忘記這一切。」

這些白人逐漸明白，一個受過教育的黑人和一個未受過教育的黑人之間的價值是大有不同的。而現在，需要你們來向他們展示這種價值，年復一年讓人們越發清晰的看到這種價值。

56 H·M· 阿特金森（Henry Morrell Atkinson，西元 1862 ～ 1937 年），美國實業家、商人。

# 第三十一篇
# 本質與影子

## 第三十一篇　本質與影子

你們來到這裡是為了接受教育。現在，教育的其中一個結果是增加人們的欲望。以一個住在某農場的普通人為例，只要他對外部的世界知之甚少，那他就會一直滿足於住在一棟只有一個房間的小屋裡，只要在屋裡他有煮飯用的長柄鍋，有個床架或者勉強稱得上桌子的家具，有幾把椅子或者爐子，就夠了；要是他的飯桌上有肥肉、玉米麵包、豌豆，就很高興了；至於衣著，有牛仔褲和粗布衣服就可以了，能讓他的太太穿上一條棉布裙、戴上一頂價值 25 美分的帽子，他就很滿意了。

但是，一旦此人受過教育，他就會覺得，他該擁有一棟有兩、三個房間的屋子，裡面還應該擺放很多整潔的家具。至於衣著，他不想要牛仔褲和粗布衫了，他想要更體面一點的羊毛衫、更整潔合腳的鞋子，還要有雪白的衣領和領帶 —— 那都是些在他受教育之前他從未想過要穿著的東西。有時，他甚至會想，他該有些珠寶。

所以你明白了吧，教育的其中一個結果就是會刺激人們的欲望。好了，現在的問題就在於，對這個人來說，他所受的教育有沒有提升他的能力，讓他能滿足自己的欲望。這樣的能力，可是工業教育的其中一個成果。透過這些教育，才能在欲望不斷提升的時候，同時也能習得某些技能來提升自己的能力、滿足自己的這些欲望。否則，要是沒有那樣的能力來滿足自己的欲望，你遲早會發現，我們不是在前進，而是在後退。

對我們來說，尤其是對那些只接受過「半桶水」教育的人來說，誘惑就在於他企圖抓緊某種淺薄的文化，而不是抓緊那些內涵充實的文化 —— 那些真正的教育，是能帶來財富和物質上繁榮的教育。

你們學過歷史的都該知道，開國先賢們都是些清教徒，於西元1620年那個淒冷的冬天在普利茅斯岩[57]登陸，他們平時都願意穿那些自家織製的衣服，有必要的話，還樂意穿著那些衣服結婚。我猜測，那時一個婚禮的花費不超過4美元。再來看看現在，當我們其中一個男孩想結婚的時候，他的婚禮花費肯定不低於150美元。他妻子的婚紗上必須要有個長長的拖裙，他則必須要有一件阿爾伯特王子牌（Prince Albert）絨面大衣——無論是租來的還是透過分期付款買的。年輕的夫妻認為他們還必須要有一群女儐相，一隊馬車停在教堂門外，而這就放到他們後面讓他們花掉25美元。然後，婚禮儀式之後，他們會住在哪裡呢？很多時候，那些傾其所有辦了這樣一個婚禮儀式的人，很可能會和妻子一起住在一棟租來的小房子裡，那裡只有兩個房間甚至一個房間。

這就是我上面所說的，還沒有能力賺錢，就先學會了花錢的淺薄文化；抓住了影子，卻沒有抓住事物本身。現在，我們在這裡要做的就是：培養一批年輕人，當他們畢業之後，到各個有這種壞習慣的族群中去，透過他們的努力來樹立榜樣，讓人們知道，花4美元來結婚再把錢省下來用在生活上，要比花150美元來結婚，然後每個月只有4美元的生活費而且只能

57 普利茅斯岩（Plymouth Rock），又稱為移民石，上面刻著「1620」的字樣，據傳是美洲新移民涉過淺灘，踏上美洲大陸的第一塊「石頭」，供養在普利茅斯的港邊。普利茅斯岩位於美麗的小鎮普利茅斯，屬於美國麻薩諸塞州，在波士頓東南部的普利茅斯海灣邊，距離波士頓55公里。

住在租來的小屋裡要好得多。當我到紐約或者其他大城市時，沒有什麼會比我在上面提及的這類人更讓我感到難受的了。他們追求的就是那種淺薄的文化，追求那些影子，而不是那些實實在在的教育和物質。要是你在北方那些城市任何一條時髦的大街上站上一會，就會看到那些打扮入時的人，頭上戴著售價 5 美元的帽子，但其實價值最多不過 50 美分。這些人所受的教育不過是讓他們想得到一切他們看到的東西，卻沒有令他們有能力滿足自己的欲望。想要得到滿足，他們就只能用些非常手段。

一種膚淺的教育，讓我們不但沉迷於衣著外表的炫耀，還會沉迷於其他東西。其中一種情況，就是我們會沉迷於用頭銜來賣弄自己。我還記得，有一次，有人向我介紹了一家大約有 60 個員工的公司，而在那麼多人裡面，只有 6 個人沒有「博士」、「教授」、「上校」之類的頭銜或者完全沒有頭銜。我不得不說，那 6 位才是質樸的紳士，倒不認為其餘那些是紳士，因為在那些「博士」和「教授」當中，有些看上去非常粗魯。過分期待這些東西只會顯露出我們有多麼膚淺，變得可笑。我們要停止此類錯誤。如果你只是個普通男子，那就鼓勵人們叫你「先生」；如果你是個牧師，會為人們做些有趣的且有指導意義的布道，那人們會對你所說的話留下深刻印象，而不是對你的頭銜留下印象。頭銜只是你的影子，你所說的才是重要的本質。

當一個人保持質樸簡單，他就堅強有力；不但人們會尊敬他，他也會獲得更多的成就。我曾參加過一場紀念會，是為了紀念一位先生，這位先生不但為他的種族而且為與他有關的學校做了大量有益的工作。在長達大約 2 小時的演講過後，有人上臺發言，應該在現場做一場募捐，把錢捐給這位先生生前曾努力幫助過的學校，以表達所有到場人士對這位先生所做貢獻的感激之情。一輪精彩的演說過後，募集到了 6 美元 65 美分。然後問題又來了：大家要怎麼處理這些錢好把它們捐獻給那個學校呢？

那次會議通過的一系列決議宣示了那位先生的高尚品格和他的工作價值。

有人建議，把這些決議正式寫出來並送給學校。這是個好想法，人們都很喜歡。但在諮詢過後，人們發現，要做這事需要花費 6 美元。於是人們投票通過決定要做這事，並且最終做成了 —— 儘管這些決議本可以用打字機工整的打出來，而花費就只用 25 美分。這個會議還是支付了那 6 美元，並且把這個正式的版本送到學校那裡去了，一起送去的還有剩下的 65 美分，用於資助學校。在我看來，這又是一個只抓影子不抓本質的例子。決議的正式版本就是那個影子，那 65 美分才是最終能剩下來的實質。

在所有這些事情上，我們需要迅速而實際的改革。我們希望，當你們進入社會時，你們能用你們的影響力來保證這一切改革終能發生。在這個世界上，有太多的人終其一生都是抓住影子而不是抓住本質 —— 他們抓住的只是贗品，而不是真正有價值的東西。我們希望，你們透過言辭和行動來教會人們過上一種質樸、正確、誠實的生活。

# 第三十二篇
# 穿著打扮的哲學

## 第三十二篇　穿著打扮的哲學

透過一個人的衣著，我們可以推測出許多與他的品格有關的東西，這是挺令人驚訝的事情。我們無法透過一個人的衣著來判斷他是無知還是有教養的，這種情況是很少見的。而今晚，我就要跟你們談談關於衣著的一些小事。儘管很難說清楚該有些怎樣的穿衣規則，但我認為，總有一些明確清晰的原則，是所有教養良好的人都會遵守的。

我們都會同意，我們的衣著應該是乾淨的。人們不應以任何藉口來穿一些邋遢的衣服 —— 我相信所有人都同意這一點。對一位男士來說，穿著破布似的衣服外出，或者一些地方本來應該釘上鈕扣的卻用別針扣住的衣服外出，實在是一件很可恥的事情。對一位女士來說，圍著一條油漬斑斑的圍裙外出，衣服上扣滿別針，那也同樣是可恥的。我們的衣服應該保持乾淨整齊，至少在這一點上，我認為我們不會有所分歧。

但是，會有些人犯這樣一個錯誤，把全部精力都放到衣著上。你會發現，從一週的開始，他們就會花很大一部分的精力來計劃下一個星期他們該穿些什麼。有些人會寧願一週穿得破破爛爛，只為了能有一些衣服可以留著在星期天穿出來炫耀。我認為，我們確實應該尊重星期天，在我們有能力的情況下，穿上一些和平時有所不同的衣服 —— 儘管能否做到很大程度上取決於我們的生活狀況 —— 即使那樣，在星期天穿上最豔麗的衣服也肯定是不適合的。

人們該根據自己的經濟狀況來穿衣。但有一些人，不但把所有精力都花在穿什麼衣服上，而且把自己所有的錢都花在了他們的衣服上。

有些人似乎是為了衣著而活的，通常這些人會被稱作「花花公子」。我認為，北方城市裡的人們在這方面表現得尤其差勁。你去紐約的第六大道看看，或者去波士頓的劍橋街看看，就會看到很多此類「花花公子」，一個月可能才賺 20 美元，可是站在街角上卻戴著小山羊皮白手套，叼著雪茄，戴著一頂高高的帽子。

這樣的人實在是一些無比愚蠢的傻瓜，而我們可不希望這種人出現在我們學校裡。沒有人會比那些把自己賺的所有錢甚至更多的錢都花在衣著上的人更愚蠢。

然後，我發現還有一些人會沉迷於裝飾物中 —— 我們把那些東西叫作「珠寶」。你會見到有些人，他一個月的收入還不到 20 美元，卻戴著一條大大的黃銅錶鏈，那裡面黃銅多得讓人幾乎可以聞出黃銅的味道了；你還可以看到有一些男女，戴著三、四個黃銅戒指，或者有些女士會戴著黃銅耳環。你們可知道，在這個國家，我們的同胞最常犯的一大錯誤就是把自己的錢浪費在廉價的珠寶上？你們可知道，他們會去鎮上的商店，把錢花在一些價值只有 10 美分的「珠寶」上？那些珠寶要是批發的話，只須六、七美元就可以買到一大堆了！而我們的同胞，每年卻要在這些如此廉價的「珠寶」上花費數千美元。要是這裡有年輕人喜歡珠寶並且打算沉湎其中，那我希望你們能確保自己所買的都是值錢的珠寶。

我們的人在衣著上會犯的另外一個錯誤，就是穿得太浮華俗豔 —— 穿著那些花哨的綴滿紅絲帶的衣服。其實我們的衣著應該樸素點，少些顏色。

我們還會經常犯這樣的錯誤，硬是穿上足足小了兩個尺碼的鞋子。今天早上我看到一個女孩非常痛苦，原因只是她買了一雙小兩個尺碼的鞋子並嘗試穿上這雙鞋子。這樣的人無非是在折磨自己的腳，只為了讓人們相信他們的腳很小；其實，有一雙大腳和有一雙小腳同樣值得自豪，這沒有什麼分別。還有一個錯誤就是我們會買一些低廉俗豔的鞋子，僅僅是因為它們看上去亮閃閃的。這樣的鞋子造出來不是為了讓人舒適，不是為了耐穿，純粹是為了吸引注意力。當你花錢去買鞋，記住了，你要買一些品質很好、耐穿的鞋。不要買那些毫無價值的東西，那些一接觸到水就會起皺的鞋子都是用很低廉的材料做的。還有，一個折磨自己雙腳只是為了讓它們看起來更小巧的女孩，是不會贏得男士們尊重的。

然後，還有一件事。我們有些同胞認為，我們可以「改善」膚色，有些人會用麵粉，而其他一些人則會用某些被稱作「臉粉」的混合物來達到這個目的。其實這些東西毫無用處。用這些方式來折磨自己的女士是不會贏得人們尊重的！只有充實自己的頭腦，你們才會發現，此類衣著的事情自然會隨之有所變化調整。儘管你們有些人並沒有穿著更好的衣飾，但是，如果你能夠恰當的重視你腦袋中的內容，你會發現，那些衣著問題根本不會煩擾到你。你可以在教育得到保證之後再去弄衣服裙子，但現在，這是你唯一確保可以接受教育的機會！

# 第三十三篇
# 老歌的力量

## 第三十三篇　老歌的力量

在參加禮拜時，沒有什麼比你們唱出來的那些優美的黑人詩歌更能讓我感覺愉悅。我相信，在做禮拜時，沒有什麼比唱詩更能觸及靈魂，更有教育意義。以後當你離開這所學校的時候，不論去哪裡，我希望你們永遠都不要忘記去唱頌這些詩歌。要是以後你也有了一所自己的學校，那就讓學生像你當年在這裡所做的那樣，去唱這些詩歌，並且教會他們欣賞這些歌曲的美麗。不久之前，我在紐約的時候，有幸與普魯士的亨利王子交談，他就特別提到了這些詩歌的美麗，並且說，在他的故鄉德國，他和家人經常都會唱頌這些詩歌。他問我，有沒有這些詩歌的印刷版本可以送給他。之後，我送給他一本關於種植園詩歌的書，那是由漢普頓學院主導採編和發行的。

當救世主降臨大地，他曾說：「小孩子要牽引他們。（A little child shall lead them.）」那麼，這種領導中至高無上的力量又是從何而來的呢？在這樣一個時代，當我們聽過太多關於人類的領袖、成功領導者的故事，我們很有必要停下來聽聽救世主的警告。有些人據說是商業領袖，其他的則是教育領袖，還有一些是政治或者宗教領袖，那麼，這句「小孩子要牽引他們」又作何解釋呢？解釋就是，一個小小的孩子，無論在什麼情況下，都維持著其簡單、純潔、美好的本質：從不在其弱小時想要顯得龐大，從不在其無知時想要顯得淵博，從不在其貧困時想要顯得富裕，從不在其卑微時想要看似顯赫。簡言之，一個小孩子的生活是建築於那偉大恆久而又簡單、溫柔、精妙的自然法則之上的。從不偽裝，永不模仿。

只是自發的、優美而強有力的堅持擁抱事實，而正是這種在小孩或者在成人身上、在猶太人或者外邦人身上、在基督教徒或者伊斯蘭教徒身上、在遠古社會或是現代世界、在黑人或者白人身上的超凡特質，帶領著人們並塑造了人們的活動。那些足夠勇敢、足夠睿智、足夠簡單、也足夠忘我而能夠讓自己立足於事實之基石上的人，最終會將世人吸引到他們的身邊，就如耶穌基督所說的：「要吸引萬人來歸我。(I will draw all men unto me)」路德[58]就是這樣的人，衛斯理[59]就是這樣的人，卡萊爾[60]就是這樣的人，克倫威爾[61]就是這樣的人，加里森[62]，還有亞伯拉罕．林肯就是這樣的人，我們的法雷迪．道格拉

---

58 路德 (Martin Luther，西元 1483 ～ 1546 年)，神聖羅馬帝國教會司鐸兼神學教授，於十六世紀初發動了德意志宗教改革，最終是全歐洲的宗教改革，促成基督新教的興起。路德強烈質疑羅馬教廷關於藉金錢換取上帝赦罪 (即贖罪券) 的教導。西元 1517 年，路德在諸聖堂門前貼出了《關於贖罪券的意義及效果的見解》(即《九十五條論綱》)，提出討論教會腐敗問題。路德分別於西元 1520 年和 1521 年，拒絕教宗雷歐十世 (Leo PP. X) 與神聖羅馬皇帝查理五世 (Karl V) 要求他撤回相關文件的命令，此舉最後導致路德被教廷判處破門律，也被神聖羅馬帝國定罪。新教宗派改革的發起人。

59 衛斯理 (John Wesley，西元 1703 ～ 1791 年)，18 世紀的一位英國國教神職人員和基督教神學家，為循道宗 (Methodism) 的創始人。

60 卡萊爾 (Thomas Carlyle，西元 1795 ～ 1881 年)，英格蘭評論家、諷刺作家、歷史學家、他的作品在維多利亞時代甚具影響力。代表作：《英雄與英雄崇拜》、《法國革命史》、《衣裳哲學》、《過去與現在》等。

61 克倫威爾 (Oliver Cromwell，西元 1599 ～ 1658 年)，英國政治家、軍事家、宗教領袖。英國清教徒革命的領導人物，議會軍的指揮官。從西元 1653 年開始掌權並進行獨裁統治。

62 加里森 (William Lloyd Garrison，西元 1805 ～ 1879 年)，美國傑出的廢奴運動家、記者和社會改革家。因創辦廢奴報紙《解放者》而聞名。同時是「美國反奴協會」的創始人之一。

斯[63]也是這樣的人。

所有偉大靈魂的目標，都是要讓人們和民族回歸兒時的質樸、純真，重歸現實。

那麼，又有什麼原創的東西可以歸功於黑人一族呢？對了，我補充一句，那又有什麼可以歸功於美國的呢？我會毫不猶豫的回答：就是那些優美的、精巧甜美得不可思議的旋律，它們都表達了我們束縛於奴隸制下先祖們的痛苦、喜悅、希望、負擔、信仰以及考驗 —— 以一種簡單猶如孩童呢喃的方式表達出來。

為何它們值得世人讚美呢？為何種種改進都只會是在糟蹋它們呢？為何它們總能觸動人們最軟弱的一面，讓富人和貧民、國王和辛勞的苦役都流下眼淚呢？

聽聽這些優美的詩歌，感受一下那些受到困擾的靈魂，是如何學會不向人造的寺院求助而是去接近大自然的吧！

**若你想見主耶穌基督**
**到荒野去吧**
**到荒野去吧**
**到荒野去吧**
**到荒野去吧**
**若你想見主耶穌基督**

---

63 法雷迪．道格拉斯（Frederick Douglass，西元 1818 ～ 1895 年），第一位在美國政府擔任美國外交使節的黑人。他主張廢奴，是廢奴運動的領袖之一。畢生為黑人爭取權益。

到荒野去吧
靠著主耶穌基督
噢，我的兄弟你感覺如何？當你走出荒野
走出荒野
走出荒野
噢，我的兄弟你感覺如何？當你走出荒野
見到主耶穌基督了嗎？

還有另外一首歌，聽聽我們的先祖們是如何抵制財富的誘惑和欺騙，在貧困的日子裡表達他們對這個地方的信念的——在他們看來，這裡的每一天都是平靜的。

噢，得信教乃我幸運
我真的誠心相信
噢，得信教乃我幸運
我真的誠心相信
噢，得信教乃我幸運
我真的誠心相信
安息日從無終結
你在哪裡，可憐的懺悔者，如此長久以來你在哪裡
「我處山谷裡，要為祈禱去；我的祈禱尚未完。」

然後，就是在遭受了經年的奴役——在別人看來沒有盡頭的奴役——之後，我們可以聽聽他們是如何爆發出那種奇異而狂野的慨嘆。

**我主救了達尼爾（Daniel）**
**我主救了達尼爾**
**我主救了達尼爾**
**為何他不救我？**
**「我路遇一位朝聖者，我問他要去哪裡」**
**「我要去迦南之地極樂淨土」**
**「而這就是我那在呼喊的人民！繼續！」**
**主從獅子穴中救出達尼爾**
**主從鯨魚腹中救出約拿（Jonah）**
**主從熊熊爐火中救出希伯來的孩童**
**卻為何主不救人？**

又或者，當一切負擔看起來無法承受的時候，會有這樣一種簡單、猶如孩童呢喃的祈禱：

**噢！主。噢！我的主！噢！我仁慈的主。**
**不要讓我下墜**
**噢！主。噢！我的主！噢！我仁慈的主。**
**不要讓我下墜**
**我將告訴你我要做什麼**
**不要讓我下墜**
**不要讓我下墜。**

還有什麼會比那令人悲憫卻又充滿希望與信任的詩歌，更能直接打動人們的真實內心呢？那詩歌來自一個小奴隸的呼喊，他被從母親身邊帶走，賣到遙遠的南方，當看起來世上的一切快樂都將離他而去時，他卻唱道：

我將要去見一群出色的人
我將要去見一群出色的人
我將要去見一群出色的人
那樣我小小的靈魂也可以發光、發光
那樣我小小的靈魂也可以獨自發光，噢！
我將要爬上軟梯
那樣我小小的靈魂也將發光、發光
那樣我小小的靈魂也可以獨自發光，噢！
我將越爬越高
那樣我小小的靈魂也將發光
我將坐在迎賓臺的旁邊
我將啜飲牛奶蜂蜜
我將告訴主你如何搭救了我
那樣我小小的靈魂也將發光、發光
那樣我小小的靈魂也可以獨自發光，噢！

事情就曾這樣發生，也將會這樣發生。在這個世界上，無論何種種族、膚色或者處境，人們皆讚賞真實的東西。而欺詐、輕浮滑稽、純粹模仿、表面工夫這些東西，以前不會帶來成功，將來也肯定不會帶來成功。

一個足夠堅強、足夠睿智的個人或者民族，是會蔑視一切替代品、習慣、偏見、誘惑、欺騙和模仿的，是能拋棄一切不真實的東西，讓自己深深立足於自然泥土之中的，這樣的個人或者民族才能努力攀登、力爭上游、大放光彩。而在這樣的過程中，他們可以獲得力量，贏取尊敬和認同。一個人或者民族如果不能做到那樣，卻總是帶著種族偏見、愚蠢的風俗以及壓迫而存活，則只能永遠蒙羞。

# 第三十四篇
# 腳踏實地

# 第三十四篇　腳踏實地

每一個從塔斯基吉學院畢業的人所該懷揣的最高抱負之一，就是要幫助他的同胞找到立足之地，也就是打下扎實牢固的基礎，然後幫助他們在那樣的基礎上自立起來。要是所有關心這所學校的人都能幫助你們做到這點，我們就感到非常滿足了。而在我們能夠打下生活的基礎並立足於上之前，一切都只是不堪一擦的泥灰，只是假象，只是一間沒有支架的房子裡那牆上的紙頂。

我們的黑人同胞中有 85%的人正在依靠或者嘗試依靠農業來過活。

如果我們要拯救整個種族並提升其地位，那在未來 50 年裡，我們會有很大的機會，讓個人、組織、宗教和世俗的努力在很大程度上圍繞著這個中心展開。我們首先必須自立，而不是立足於依靠別人的供給而建立的基礎上。我們必須立足於自己的文明開始成長，而不是立足於別人的文明。要舉例說明我的意思，我們無須看別的種族，也不用離家很遠。就在阿拉巴馬州那裡有個小鎮，鎮上有一位健碩而勤勞的黑人，在差不多近 20 年裡，他都是靠耕作租來的田地過活，他租用騾子和馬匹耕作那片土地，並且抵押了他種出來的農作物換來食物和衣服。每逢週日前往教堂，他都駕著一輛不屬於他的馬車，穿著一身光鮮但都不是買來的衣服。從外表看來，他似乎已經致富了，似乎成了和他身邊白人差不多的人。

但是這位黑人知道，他正嘗試立足於一塊並不那麼完美的基石上。因此，十多年前的某天，他下定決心，從今以後，他只做自己 —— 他要自立於自己打造的基石上。他告訴白人，讓他們來取回騾子、貨車和馬車；他也放棄了那片租來的土地，決心做個完整的人。他找了幾畝田地，夜裡就睡在棉花田裡，還僱了一個男孩夜晚來他的田地工作，在有月光的晚上，他會拉著犁去耕地，而那個男孩就幫他掌控著方向。憑著這樣做，他的棉花產量已足以抵債了。靠透過生產得出來為數不多的富餘棉花，他買了一頭牛；靠著這頭牛，他的第二次收割產量也足以抵債了。然後他又買了一頭騾子，不久又買了另外一頭騾子。到今天，這位黑人已經擁有了一棟舒適的房子，是他所在郡的銀行的股東，而他簽發的商業票據得到了這裡每一個商家的認可。當其他人還在談論或爭論著那些透過死記硬背學來的二手經驗和教條時，這位大自然的強壯之子已經發現了他自己，並且解決了他的問題。

我也許還要告訴你們，關於我們另外一位同胞的故事。他的成功是從一棵樹的樹洞裡開始的，那就是他的家，沒有家具，也沒有床鋪，但是那棵樹就是他立足的地方，因為那棵樹以及樹下的土地都是屬於他自己的。在一棵空心的樹內開始你們的生活，做個完整的人，總要好於從一棟租來的房子開始，做個純粹的「工具」，僅僅是看上去像個人。要是你到這個國家的西部去，會發現那裡到處都是些擁有深厚的文化底蘊、造詣淵博且身家豐厚的人，而他們前幾輩的祖先卻是在地下的洞穴裡、草棚裡，或者是某個山洞裡開始他們的生活的。年輕的人們啊！這都是無可避免的，如果我們要成為偉大、優秀、有用的人，就必須付出代價。記住了，當我們俯身膜拜真理的基本原則，自然不會因為膚色而有所偏向。

當我這樣說的時候，不是想令你們感到震驚，我真的希望看到，在未來的 50 年裡，每一位黑人牧師、教師，都擁有全面的農業理論和實踐知識，並且與其所接受的神學和學術培訓連結起來，因為他們的工作，主要都是在大城市之外展開的。我認為，之所以要這樣，是因為我們當中仍有大量的農業人口，而且我也希望我們能保持這樣，歷史上幾乎每一個種族都是以這個作為基礎開始發展的。透過廉價的土地、良好的氣候和肥沃的土壤，我們就可以為成為一個偉大、強大的種族打下基礎。我們所要面對的問題就是：我們能好好利用這樣的機會嗎？

在最近幾期的《紐約獨立週刊》[64] 中，擁有 3,000 名信眾的費城浸信聖殿教會（Temple Baptist Church）的牧師拉塞爾・赫爾曼・康維爾[65] 先生對麻省一個鄉村小教堂的牧師說了一些話。

對總是不斷重複出現的如何支付教堂費用的問題，那位鄉村教堂的牧師感到很困惑，因此請求康維爾先生給出建議。康維爾先生說：「我建議他學習農業化學、乳業經營以及家政學。我是嚴肅的給出這個建議的，而他也認真的看待我的建議。他真的去學習了，而且學得非常認真。到了週日，當他第一次做實用布道時，就是適當的引用了《聖經》的典故來講述如何科

---

64《紐約獨立週刊》（*New York Independent*），西元 1848 年創立於美國紐約的週刊，1928 年停刊。每期發行量平均 7.5 萬份。

65 拉塞爾・赫爾曼・康維爾（Russell Herman Conwell，西元 1843 ～ 1925 年），美國著名浸信會牧師、演講家、慈善家、律師和作家，他是位於賓州費城的天普大學的創始人和第一任校長。因震撼世界的一篇演講—〈鑽石寶地〉而聞名。

學的施肥，這得益於對他大有幫助的學習。他當時只有 17 個聽眾，然而，這些聽眾都聽得興致勃勃。此後，他們和那些沒有聽牧師講道的朋友談論起這次意義非凡的轉變。結果就是，此後 5 個週日裡，教堂裡都擠滿了前來聽道的人，因為他們發現，原來，天堂離大地並不是那麼遙遠。」

以我們種族目前的狀況來看，要是在南方廣大的農業地區，每一家教堂都能在星期天有兩次關於宗教的布道、一次關於如何科學耕種、關於擁有土地有多重要、關於建立自己的舒適家園有多重要等主題的課程或者演講，那將為我們帶來多大的裨益啊！

我相信，要是我們推行這樣的做法，取代現在常見到的那些衣著破舊、食不果腹、夜不成寐、拿著每年 100 到 300 美元薪水的牧師，我們很快就會擁有一些能自給自足的社群和教堂。如此一來，數以百計生活困苦的牧師也將獲得與其專業所應有的尊嚴相對應的支持。不但如此，這樣做還可以令牧師們欣賞勞動的高貴並熱愛勞動，讓他們的房子、花園、農場，成為追隨者們長期的學習對象，同時，也成為他們獲得人們支持的源頭，這些支持能讓他們在很大程度上自給自足。

我所認識的其中一個最成功也最受人敬重的牧師，就擁有並耕種 50 畝土地。這塊土地帶來的收入足以滿足他每年的生活所需。而這位牧師開出的票據或者支票，銀行也樂意接受。就是因為他能自給自足，所以他是帶領著他們的人，而不是迎合他們的想法。有人可能會說，我所懇求實踐的東西，基本上可以說沒有其他人做過。其實，早年人們初到新英格蘭時做過這樣的事情，而且那裡的牧師把這傳統保留了下來，直到這個國家的人們足夠富庶，可以去適當的支持他們的牧師為止。此外，要是一個民族或者一個人，只懂得跟隨其他人的步伐，那這個世界幾乎不可能進步。讓我們都記住，我們現在所要面對、解決的問題，是其他任何種族都不曾面對過的。

今晚我和你們談的是農業生活，但和農業生活一樣該受到重視的還有城市裡的各種工作。要是我們的種族能在生產木材、金屬時，在建造房屋工廠時，在製作和驅動機械時都能遙遙領先，那我們就能培養人民的思想，就可以控制政府，就可以在商業、科學、藝術以及各個專業領域領先。

我們應該讓所有的學校都培養出更少的要找工作的人，培養出更多的要僱請工人的人。任何人都可以去找工作，但一個人需要一些很罕見的能力才能成為創造職位的人。

在你們某些人看來，在上面所說的似乎忽略了一個種族在道德、倫理、宗教、政治才能方面的發展。對於這個質疑，我的回答是這樣的：正是因為一棵樹深深植根於大自然中，接觸了泥土、岩石、沙粒和水，它才有優雅的枝幹、漂亮的葉子、芳香的花朵，雖然它並沒有直接展現出任何與真理、美麗、神聖相關的東西。可是，你不可能把一棵樹種在空氣中還能讓它活下來。不信你試試！不論我們如何讚美它的均衡比例，如何欣賞它的美麗，除非它的根莖能接觸到自然並且立足於自然，否則它就要枯死。對一棵樹來說如此，對一個種族來說也是如此。

# 第三十五篇
# 「積穀防飢」

# 第三十五篇　「積穀防飢」

你們當中的很大一部分人會因為這樣那樣的原因，在這個學年後就不會再回到我們學校了。有鑑於此，今晚，我想讓你們記住一些重要的思想，希望你們帶著這些思想進入現實世界，無論你是畢業離開這裡，還是未畢業就要離開這裡。

我常常會跟你們提到學會有效利用與節省時間，提到努力善用你們生命中的每一分鐘每一小時。我還會常常和你們提到，我們這個種族中的很大一部分人因這樣那樣的原因背上了那些糟糕的名聲，而這都是因為他們沒有能力好好利用時間或者沒有辦法弄懂信守諾言、負起責任的價值何在。

你們也知道，無論公正與否，這樣一種看法很流行：我們作為一個種族，不夠可靠，不能信守諾言；要是請我們去一個磨坊或者一家工廠裡工作，我們會一直工作到能有三、四美元的薪水可以領，然後我們就會去旅行了，或者我們回到鎮裡，不再回來工作了，直到我們把所賺的錢都花完為止。

就是因為這樣，我們當中的很大一部分人會背上這樣的名聲：不能依靠我們來提供忠誠、有序、高效的服務。這對我們整個種族都造成了傷害。無論你們去哪裡，我們希望你們透過自己的行動、建議、影響力來質問、反駁、抵消這樣有害的說法。你們可以透過讓自己成為最受人敬仰的榜樣來實現這個目標。

那些成功人士，很大一部分都是學會了按我們所說的方法好好利用時間的人，他們不但學會了節省時間，而且學會了節省金錢。

在你們看來，我今晚如此強調節省金錢似乎是一種非常物質主義的思想；但是，對我們這個種族來說，這至關重要。最近，我好幾次聽到有人這樣說：黑人已經變得太崇拜物質了、太工業化了；說是黑人有太多的精力放到生活的物質方面。而在我看來，我不覺得我們需要為此而有什麼恐懼或擔心。我實在無法明白，一個連一條鐵路、一條電車路線都沒有的種族，一個在大城市裡連一家銀行、一棟房子都幾乎沒有的種族，如何會面臨變得太過崇拜物質的危險呢？我實在沒辦法明白。當你在銀行有數百萬美元的時候，當你在鐵路上、電車路線上投資了數百萬美元的時候，當你控制著大工廠、大種植園或者其他南方大型工業組織的時候，我也許就能說，有跡象顯示，你變得越來越物質化了，你變得太過富裕了。可目前，我沒有看到任何此類的跡象。我認為，直到我們看到此類跡象之前，我們都可以安下心來，不用擔心此類危險出現。

但是，我認為，仍有一部分金錢所帶來的影響，我們還沒有對其給予足夠的重視。首先，手裡拿著錢，掌握一門資質，我們能擁有一定的影響力，而這是無法透過其他方式來獲得的。

要想達到精神的最高境界，實現生活中的最高成就，肯定先要擁有一定的物質基礎。首先，手裡有錢並且把錢存下來，這樣能保證我們擁有一棟舒適的房子，可以定居下來。沒有人可以在自己能夠住進一棟得體、舒適的房子之前，就把工作做到最好，為他自己以及同胞提供最好的服務。不管你是否住在裡面，在能擁有這樣一棟房子之前，是未能為生活做好準備的。即使你把你擁有的這樣一棟房子租出去，相比之下，你也是個更為完整的人。我經常聽人說，他們不會擁有一棟房子或者物業，因為他們不打算在這個或那個地方住很長時間。我認識這樣的人，6 年之內搬了 6 個地方。他們一直都沒擁有一棟房子，僅僅是因為他們習慣了給出很多藉口，而不是努力去嘗試擁有一棟房子。

擁有一棟得體的房子，能保證我們獲得一定的舒適。在沒辦法享受一定的舒適以及沒辦法獲取一些富含營養、烹飪得當的優質食物的時候，是沒有人能做好工作的，人們也沒有靈感去思考、去與人為善。

一個人要是不知道去哪裡找他的早餐，不知道去哪裡賺錢來換取下一週的膳食，那他是沒辦法把工作做到最好的，不管他做的是體力工作，還是智力上的或者精神上的工作。擁有金錢可以保證我們獲得舒適的衣著、足夠的衣服，來保證我們的身體暖和、體力充沛，保持良好的健康狀況。

擁有金錢還可以讓我們有能力為建造校舍、教堂、醫院出一份力，讓我們能在此類有益的事業上出一份力。金錢不但能讓我們在此類物質生活上自給自足，它還有另外的價值。賺取金錢能培養我們自己的遠見。一個不懂得深謀遠慮、未雨綢繆的人，不懂得為明天、下週、明年做打算的人，是沒辦法賺到錢的。而一個沒有自控能力的人，也是沒有辦法賺到錢或者存下錢的。能賺取並且存下金錢的人，都必須是些有能力說「不」的人。我希望你們這些學生，當你們離開這所學校的時候，有能力說「不」。我希望，當你們經過一家商店，注意到商店裡那些糖果、春帽，或者其他任何一些吸引你的東西時，即使你們的口袋裡確實有錢，買得起這些東西，也有能力對自己說「不」，學會自控能讓你們忽略這些東西，並且把錢省下來，最終投資到房屋上。一個人要是不能厲行節約，不懂得盡其所能遠離那些東西，他就沒辦法讓自己抓緊手頭上的錢。

還有一點，擁有金錢能讓一個人成為良好、穩重、安全的公民。那些殺戮別人或者被殺的人，無論黑人還是白人，十有八九都是沒有一棟屬於自己的房子，在銀行也沒有存款的人。都是拎著旅行箱生活的人，旅行箱帶領著他們。要是今晚他們的旅行箱在蒙哥馬利，那裡就是他們的家。要是第二天晚上他們在歐佩萊卡[66]，那晚，那裡就是他們的家。確實有些這樣的人，他們沒有家，只有旅行箱。而我不希望，當你們離開這裡出去的時候，你們會成為他們那樣的人。我希望能看到你們擁有自己的土地，擁有自己的房子。而我在這裡還要說，要是你們的房子裡沒有一個優質、舒適的浴缸，那就不算是一個得體或者完整的家。要是只能二選一，我寧願看到你們有個浴缸卻沒有房子，也不願意看到你們擁有了房子卻沒有浴缸。要是你擁有了浴缸，肯定能在之後擁有房子。因此，當你們離開這裡之後，買個浴缸吧，即使你買不起其他的東西。

擁有金錢，在銀行裡擁有一個帳戶，即使是個小帳戶，也能給我們一定的自尊。一個在銀行裡有帳戶的人在街上走過時也挺得格外筆直，他勇於看人們的臉。在他所住的社區裡，人們會對他有信心，也會尊重他；而要是他沒有銀行帳戶，人們是不會如此對他的。

---

66 歐佩萊卡（Opelika），美國阿拉巴馬州李郡內的一座城市。

當我們努力爭取這些東西的時候，最大的一個錯誤就是不停的推遲實施。年輕的男士會說，當他結婚的時候，他就會這樣做了；年輕的女士會說，當她能穿著打扮得很好的時候，或者能在生活中享受到更多的時候，她就會這樣做了。總是因為這樣那樣的誘惑，他們不斷推遲厲行節約和儲蓄。當一個人走進城市，看到那些年輕的男士，一週的薪水不過 4 美元，卻在週日下午花上兩、三美元來僱一輛馬車，帶上年輕的女士去兜風，這會毒害她的心靈。年輕的女士們啊，別跟這樣的男人去兜風。一個每週只賺 4 美元卻駕車去兜風的男人，是不會擁有一棟房子或者一個銀行帳戶的。當這樣的人來邀請妳們去兜風的時候，告訴他，妳寧願他把錢存到銀行裡，因為妳知道，他負擔不起這樣的揮霍。

我喜歡看到人們衣著舒適整潔，但是，沒有什麼比看到年輕的男女經不起誘惑，把賺到的所有錢都花在衣著上更令人傷心的了。因為很多時候，真的是很多時候，當他們終老時，有些人不得不拿一頂帽子四處去籌錢，好讓他們能得體下葬。不要犯那樣的錯誤。下定決心，不管你賺得多麼少，你都要存一部分錢在銀行裡。要是你一週能賺 5 美元，那就把 2 美元存到銀行裡。要是能賺 10 美元，那就把 4 美元存起來。把錢存到銀行裡，讓錢留在那裡。當它們開始有利息的時候，你就會發現，你懂得欣賞金錢的價值了。

不久之前，我去了新貝德福德[67]市，海蒂．格林[68]夫人的家鄉，據說她是世界上最富有的女士。我想告訴你們一個有關她的故事，那是新貝德福德的一位紳士告訴我的，當格林夫人住在那裡的時候，他們相識。在新貝德福德，很多年來，都沒有銀行願意接收那些金額很小的存款。最後，終於開了一家可以接收 5 美分存款的銀行。這家銀行剛剛開業，格林夫人就告訴這位紳士，她很高興，因為開了這樣一家銀行，她就能到那裡去存下 5 美分並且等著收取利息了。你們可能會覺得，5 美分不值得儲蓄，你們會覺得，這樣一筆小錢拿來買花生或者糖果，又或者那些廉價的絲帶、珠寶還差不多。

上個週日，我在紐約一位紳士的家裡做客，他家裡有個女僕，現在才 18 歲，當她幾年前來到這個國家並到這位先生的家裡做女僕的時候，一句英語都不會說。可是現在，這個女孩在銀行有 1,500 美元。想想吧！一個初來時非常貧窮且完全不會說英語的女孩，在短時間內存下了 1,500 美元！

---

67 新貝德福德 (New Bedford)，美國麻薩諸塞州南部最大城市，位於布里斯托爾郡。17 世紀之前，該地的居民是印第安人。西元 1654 年，從歐洲來的殖民者開始在此定居。19 世紀中葉，由於對捕鯨業的壟斷，新貝德福德得到極大的發展。當地人平均收入在當時全世界的範圍名列前茅。之後由於鯨油的銷路因石油製品的推廣而被壓縮，再加上很多人因「淘金熱」而移民加州，捕鯨業迅速衰落。1925 年最後一艘捕鯨船從新貝德福德駛出。新貝德福德還曾經是美國的紡織工業中心。一所麻薩諸塞州紡織學院於西元 1895 年建於該地，該學院是麻薩諸塞大學達特茅斯分校的前身。但美國的紡織工業到了 1940 年代普遍開始走下坡路。

68 海蒂．格林 (Hetty Green)，美國金融家、商人，美國鍍金時代被譽為最富有的女人。

我很想知道，你們當中會有多少人，能在今後的 5 年裡在銀行裡存下 1,500 美元或者其他價值相近的財產呢？

新英格蘭或者其他同樣繁榮興盛的州，其文明也許更多的可以歸功於這個國家的儲蓄銀行，而不是其他任何東西。你想知道新英格蘭的財富都在哪裡嗎？不是在那些百萬富翁的手裡，而是在一個又一個普通人的手裡，他們都有幾百或者幾千美元的存款在銀行裡，非常安全。你會發現，新英格蘭以及所有那些富裕國家的銀行裡，都是堆滿了窮人的存款，數以百萬計的存款。

記住，除非我們能學會節約、儲蓄，學會存起我們所省下來的每一毫、每一分、每一元，否則我們這個種族就不能自立自強！

# 第三十六篇
# 成長

## 第三十六篇　成長

今晚，我想要讓你們銘記的是，持續不斷的成長有多重要。我十分希望，你們當中每個人都去想像一下，你們的父母親今晚就在這裡，正看著你並審視著你生活中的每一個行動。我希望你能感覺到他們的心跳，我希望你們能理解到，他們多麼迫切的希望你在這裡獲得成功 —— 而這也許是你之前不曾認知到的。我希望你們能知道，他們曾做過多少祈禱，日復一日祈禱你的學校生活可以越來越成功，每一日都比前一日有所進步，祈禱你能變成一個勤奮而有成就的強大的人，能為你自己和家人帶來榮譽。

你們當中的每一個人都必須為那些甚為擔憂你的人想想 —— 他們的心時常會被焦慮縈繞，只因他們擔心你的學校生活一事無成，必須多為他們想想。

不僅僅是為了你自己，而且還為了那些與你無比親近的人、那些為了你付出比其他任何人都要多的人，我希望你們能下定決心，讓這個學年成為你最出色的一個學年。

我希望你們能下定決心，在這一年裡以生命中前所未有的熱誠來進行最為艱苦的學習；下定決心，讓這一年成為你人生中迄今為止最出色、最令人鼓舞、最完美的一年。我希望你們能下定決心，讓自己不斷成長，讓自己的明天比今天更為出色。在生命中，你只有兩個發展方向，不是前進，就是後退。你可能變得更強壯或者更弱小，但你不可能一成不變。

至於學習方面，我希望，你們能下定決心，只要自己還在這裡學習，每一天上課時都將更加認真細心。我希望，你們能管好自己，讓自己每天早晨都出現在背誦室裡，以比前一天更加一絲不苟、認真仔細的態度準備這一天的課程。

我希望你們能下定決心，能越來越接近完美，能夠更充分的把你們的優勢發揮到每日的課程準備上，讓你自己成為一個更有用的人。我希望，此後你就能發現自己渴望成長，發現自己明白了勞動的高貴，發現了 —— 除非一個人能明白勞動並不可恥，否則這個人是無法有所追求而上進的，也不可能變得強壯、有才能且受人尊敬。

我希望你們都能明白，靠自己雙手的勞動，無論是什麼形式的勞動，一點都不可恥。我希望你們能一天天的學會，任何形式的勞動，無論是腦力的還是體力的勞動都是光榮可敬的，只有那些無所事事、遊手好閒的人才可恥。

我希望你們能以嚴謹認真的態度來完成工作，透過更熱誠的對待工作，透過今天比昨天更熱愛你們的工作來做到這點。要是你們不能在這些方面成長，要是不能前進，那你們就會後退，就沒有實現這所學校創立之初的目標。自然，你們的父母把你們送來這裡時所懷抱的目的也沒有達成。

我想要強調的事情就是，希望你們能在品格方面有所成長 —— 讓你的性格每一天都變得更堅強。當我說「品格」的時候，我在這裡所指的是其最寬泛的意義。學校希望，每一天，你對待同學時都會比之前更有禮貌，無論在教室裡和他們接觸交流，還是在商店裡、田地裡、食堂裡或者臥室裡。

無論在哪裡，我都希望你能讓自己變得越來越有禮貌，越來越像個紳士。注意了，我沒有僅僅說希望你們的老師 —— 也就是在你們之上的人 —— 讓你們變得更禮貌，我是希望你們自己變成那樣。如果你不能做到，你就是在後退，走在歧路上。

我希望看到，你們每一天都比之前更無私，更加為他人著想。我希望你能對自己的思想、工作以及對別人所負的責任更加盡責投入。這樣做才是走在成長的正路上，不這樣做就是走在歧路上。我不希望你們以為，只需要在這一學年裡秉持這種成長的思想來努力；也不希望你們以為，只需要在這所學校裡如此；我殷切期望，你們會在前進的路上不斷成長。

還有更重要的，我們希望你們能把這種不斷成長進步的習慣、這種向著正確方向發展的做法帶到學校外面去，並且將其作為好的影響散播到你所到的任何一處。我們希望你把這些帶到學校去，因為你們當中很多人將會成為教師。我們不但希望你們能在開始教學事業的初級階段時成長，我們希望你每一年都能成長、進步。我們希望看到你令你的校舍變得更漂亮；希望看到你讓所有一切和你的學校、教學相關的東西都變得更好、更堅固；希望看到在你擔任教師的時候，你的學校每一年都能變得比之前更有吸引力。

還有，當你們離開學校並且找到一份工作的時候，不管什麼工作，我們都希望能看到你在工作中變得更好，我們都希望看到你的能力得以提高，獲得更高的薪水，為你的雇主貢獻出更大的價值。我們希望看到，無論你身居何職，都能誠實、盡責、聰明。

你們當中有些人離開學校之後，會建立自己的家庭並安定下來。我們希望，你們能在家庭生活方面也有改善。看到一個已經成家立業的人有了一個自己的家，卻沒有讓家的內外變得更漂亮，反而是讓其年復一年變得邋遢、骯髒——因為這個家越來越不受到關注了——沒有什麼比這更令人沮喪的了。

我們希望，塔斯基吉學院的學生離開學校之後，能建立一個在各個方面都成為榜樣的家——這個家能顯示出，建立起這個家的人的生活，是他們附近所有人的榜樣。要是你能做到這點，你的生活就會不斷向前發展，因為，就如我要重複的，你的生活只會持續不斷的前進或者後退，非此即彼。

# 第三十七篇
# 最後的話

我們又接近了一個學年的尾聲。你們當中有些人可能要離開我們不再回來了。其他人則會回家過暑假，然後在假期結束後回來，開始另一個學年。當你們即將離開的時候，我特別想提醒你們一件事：回家之後，千萬不要因為你曾在我們學校學習而覺得自己比鄰居要高出一等；千萬不要覺得你的父母沒有你懂得多並因此感到羞恥；千萬不要認為你實在太優秀了，而不應去幫他們做事。對你來說，要是你回家之後因為自己的父母而感到羞恥，或者是不想幫他們做事，那你還不如不接受任何教育。

讓我告訴你我所知的一件事，是關於我們的學生離開這所學校之後的生活 —— 這事情非常令人鼓舞，也能為人帶來裨益。當時我在南方的一個城市，並且四處探訪我們同胞的家園。

在這些家園中，我注意到其中一家是如此的整潔，非常突出。我問那個和我一起的人：「這棟房子怎麼能保養得這麼好，看起來比其他鄰居們的房子要好很多？」陪伴我的人說：「是這樣的。這棟房子的主人有個兒子，他們做出了很多犧牲才把兒子送到你學校去讀書。幾個星期之前，這個兒子從學校回來了，在他回來之後的某段時間內，他沒什麼事可忙的，因此，就用這段時間來修葺他父母的房子。他修補了屋頂和煙囪，在圍欄需要的地方加上了木柵，做了些諸如此類的事情。之後，他又弄來了一批油漆，把房子裡裡外外都徹底仔細的粉刷了兩遍，所以這地方看起來就非常整潔了。」

這樣的實例對我們真是非常有啟發意義。這顯示出，學生們把我們所諄諄教誨的精神從學校這裡帶了出去。

還有另外一件事，當你們回家之後，要過簡單質樸的生活，不要讓人覺得，從你身上看到的教育僅僅意味著淺薄和華麗的衣著。

要有禮貌，無論對白人還是黑人都一樣。

對你們來說，透過對這些方面加以注意，完全有可能為南方黑白兩族之間建立並維持融洽的關係做出大量貢獻的。盡量讓自己在這些方面表現良好，讓人們注意到你，然後來問你，你曾去過哪裡，在哪所學校學會了如此禮貌。你會發現，禮貌教養有極大的價值，不只會讓你得到工作，還會幫助你保住工作。

不要恥於上教堂和週日學校，不要恥於參加基督教青年會[69]和基督教奮進會[70]。要展示出，教育只是讓你對這些事情的興趣更加濃厚了，而不是讓你的興趣減弱了。要保持你個人、語言和思想的潔淨。

在學年將要結束的日子裡，在可能的情況下，再次強調一

---

69 基督教青年會（Young Men's Christian Association，簡稱 YMCA），是基督教非政府性質的國際社會服務團體。受俸會員來自 125 國，逾 5,800 萬人，總部設於瑞士日內瓦。西元 1844 年 6 月 6 日，英國青年喬治 · 威廉斯（George Williams）在倫敦創立。

70 基督教奮進會（Christian Endeavour Society），西元 1881 年由法蘭西斯 · 愛德華 · 克拉克（Francis Edward Clark）在緬因州波特蘭市發起並成立，是個與宗教宗派無關的福音協會。協會宗旨是：「切實促進其成員間的基督教生活，增進彼此了解和相知，最終讓大家在為上帝服務中找到更多的生活意義。」

下我們學校立足的根基，似乎還是頗為適合的。我們希望，每一個學生都能擁有這種我們口中的「塔斯基吉精神」。要牢記這所學校的精神、成立的宗旨，然後，竭盡所能把這種精神傳播到盡可能廣的地方，並且讓其盡可能的深深植根於各地。

除了我們畢業班的學生，每年我們都會有大量的學生外出度過假期。當中有些人會在假期結束的時候回到學校，但有一些人，則會因為各式各樣的原因不再回來。無論你是不是作為畢業生離開這裡，無論你離開之後還會不會回來，對你們所有人來說，牢記這種「塔斯基吉精神」是很重要的 —— 塔斯基吉精神，就是奉獻自己從而幫助鼓舞他人的精神。無論你做的事情多麼小，你都要保證你正在幫助其他人。

現在，在經過這些年的經驗累積之後，我們認為，學校已經發展到了一定境界，可以憑一定程度的威信來向你們提建議，可以告訴你們如何度過生命時光才是最好的。

首先，是關於你們將要前往工作的地方。我非常希望，大部分學生在離開塔斯基吉之後能去鄉村地區工作，而不是大城市。其中一個原因是，你們會發現，在大地方，和在小鎮裡尤其是鄉村地區很不同，會有很多的工人和打零工的人在找工作。城市裡有很多的教堂、學校，擁有一切可以幫助人們改善生活的東西。與此同時，也有很多令人沉淪墮落的東西。即使不提後面這點，在鄉村地區，需要幫助的人也要多出很多。我記得一份人口普查報告曾說，我們的同胞中有 80%的人住在鄉村和小鎮裡。因此，我建議你們到鄉村或小鎮裡去，而不是去城市。

然後，談到工作態度，就如我之前所說的，你們必須下定決心在工作中做些犧牲，過一種無私的生活好去幫助別人。你們要有這樣的精神，遇到阻撓、遇到需要克服的障礙之時，就不會灰心喪氣。要有這樣的決心，相信你們無論將來從事什麼職業，最終都會成功！

我不打算就工作的類型提出具體的建議，但是我相信，在普遍的情況下，要是你把鄉村學校作為核心，也許你可以實現更多的美好目標——這也許會對南方的未來 50 年留下良好的影響。

先開辦一所學期只有三個月長的學校，並且逐漸讓人們深刻理解到，他們需要一所開放時間更長的學校。讓他們把學校的開放時間先延長一個月，接著再延長一個月，直到他們意識到要擁有一所一年裡開放時間長達六、七個月甚至八個月的學校。然後再讓他們認知到，建造一棟得體的校舍有多重要，認知到擺脫那只有一個房間的校舍有多重要，準備好各種適用於教學的設備有多重要。

有兩樣事情你們必須要牢記於心——建造合適的校舍，並且鼓勵人們來做這事；同時，還要有可以令他們支持你的精神。要做到這樣，當你去鄉村的時候，必須要有在那裡至少待上一段時間的想法。讓自己植根於那裡的居民之中，透過年復一年勤儉節約的生活，努力爭取為自己買一塊土地，並且在上面為自己蓋一棟漂亮舒適的房子。你會發現，在那裡逗留的時間越長，人們對你就越有信心，並且也會越來越尊重、敬愛你。

我還發現，很多畢業生透過開墾一片與學校有關的農場，做了很多出色的工作。同樣，很多未能畢業就離開這裡的學生也做了出色的工作。我記得有這麼一個人，他在我們州其中一個鄉村的學校裡教了七、八年，他把學校的學年延長到八個月，他還擁有一棟有四個房間的小別墅，以及一個有 40 畝地且風景優美的農場。這個人，就是把「塔斯基吉精神」付諸實踐的人。

而你們當中的某些人，要是把精力都投入到農業中，會比投入到其他任何行業都更好。我特意提到農業是因為，為了未來的發展，我們要在這方面打下牢固的基礎。我相信，我們正在向著這樣一個境界走去，將會在農業基礎打好之後開始認知到我們自身的價值。在整個南方，我們可以透過農業讓自己以自由、開放的方式獲得財產、建造房屋，在其他任何行業都無法以這樣的方式實現這些目標。從事農業也和執教一樣，無論你到哪裡，都要把「塔斯基吉精神」牢記於心。

我希望男孩們離開學校的時候，都能效仿 N·E· 亨利 (N. E. Henry) 先生；女孩們離開學校的時候，都能效仿安娜 · 大衛斯 (Anna Davis) 小姐和利齊 · 賴特 (Lizzie Wright) 小姐。我希望你們到鄉村去，去建立學校。我不會建議你們在一開始就雄心勃勃，我寧願你們樂意以一份微薄的薪水作為開始，然後一路透過努力逐步提升。我記得，曾有個年輕人剛開始執教時月薪只有 5 美元，而另一個年輕人剛開始時只能在樹下的空地中上課。

然後，希望你們出去以後，能以寬大磊落的精神來對待你們所接觸的白人，這很重要。當我這樣說的時候，我不是要你們貶低你們的尊嚴和氣概；我希望你們以一種坦率、可敬的氣概來對待他們，向他們展示出，你所屬的種族不是一個可以被人輕視的種族，很多人所持有的各種偏見不適用於你以及你的同事身上。要是你能幫白人一把，你應該和幫了一個黑人一樣感到高興快樂。

在上帝的眼裡，世界並無膚色之分，而我們應該培養出這樣一種文化，讓我們能在任何地方都不會記起有膚色這樣一條分界線。我們應該變得比那些因為我們的膚色而壓迫我們的人更寬容、更大量。

任何一個人都不會因為成為紳士或者淑女而有所損失。沒有人會因為寬宏大量而有所損失。記住，要是我們仁慈而富有才華，有道德，並且把這些特質都透過實踐展現出來，那麼，無論人們怎麼說我們，都不可能拖垮我們。相反，要是我們不努力讓自己成為有用的人，要是我們不講道德、狹隘小氣、胡亂花錢、沒有財產，要是我們沒有優秀的特質，無論我們怎麼為自己辯護，也無論別人怎麼說我們，我們都會失去立足之地，因為那都是些讓一個人、一個國家變得偉大、強盛的東西。沒有人可以透過單純的稱讚就把這些東西給予我們；而一旦我們擁有了這些東西，也沒有人可以透過貶低我們把這些東西搶走。

**國家圖書館出版品預行編目資料**

美國黑人代言人布克 · 華盛頓的「星期天談話」：生活的兩面、老歌的力量、榜樣的力量、服務的要義，《超越奴役》作者的教育思想 / [美] 布克 · 華盛頓（Booker T. Washington）著，江利 譯. -- 第一版. -- 臺北市：崧燁文化事業有限公司, 2023.03

面； 公分

POD 版

譯自 : Booker Washington on Education

ISBN 978-626-357-094-8( 平裝 )

1.CST: 華盛頓 (Washington, Booker T., 1856-1915) 2.CST: 學術思想 3.CST: 教育哲學

520.11　　112000214

# 美國黑人代言人布克 · 華盛頓的「星期天談話」：生活的兩面、老歌的力量、榜樣的力量、服務的要義，《超越奴役》作者的教育思想

作　　著：[ 美 ] 布克 · 華盛頓（Booker T. Washington）
翻　　譯：江利
發 行 人：黃振庭
出 版 者：崧燁文化事業有限公司
發 行 者：崧燁文化事業有限公司
E-mail：sonbookservice@gmail.com
粉 絲 頁：https://www.facebook.com/sonbookss/
網　　址：https://sonbook.net/
地　　址：台北市中正區重慶南路一段六十一號八樓 815 室
Rm. 815, 8F., No.61, Sec. 1, Chongqing S. Rd., Zhongzheng Dist., Taipei City 100, Taiwan
電　　話：(02)2370-3310　　　傳　　真：(02) 2388-1990
印　　刷：京峯彩色印刷有限公司（京峰數位）
律師顧問：廣華律師事務所 張珮琦律師



定　　價：350 元
發行日期：2023 年 03 月第一版
◎本書以 POD 印製